어쩌다
북튜버

하버드에서 북튜버까지

어쩌다
북튜버

북튜버 책추남
'책 추천해 주는 남자'(조우석) 지음

TALK SHOW

[오늘의 나를 있게 만든 명언과 조언]

"당신의 내면에서 우러나오는 깊은 기쁨을 따르라.
우리가 내면의 깊은 기쁨을 좇아가기로 마음먹을 때,
아무런 문도 없던 그곳에
그리고 사람에게는 열리지 않았던 그 문이
당신을 향해 활짝 열리기 시작한다."

- 신화학자 죠셉 캠벨, Joseph Campbell -

C·O·N·T·E·N·T·S

C·O·N·T·E·N·T·S

여러분 북튜버에 대해 들어보셨나요? 북튜버Booktuber란 책을 뜻하는 북Book과 유튜브 크리에이터를 뜻하는 유튜버Youtuber가 합쳐져서 만들어진 신조어입니다. 북튜버는 자신이 좋아하는 책의 내용을 쉽고 재미있게 소개해 줌으로써 새로운 독서 문화를 창조하고 활성화하는데 큰 기여를 하고 있지요. 저는 〈책추남TV〉라는 유튜브 채널을 운영하고 있습니다. 책추남은 '책 추천해 주는 남자'의 줄임말인데요. 제가 얼굴을 공개하지 않고 유튜브 채널을 운영해서 그런지 얼굴이 못생겨서 책추남이라고 지었냐는 질문을 종종 받기도 한답니다.^^

특히 저는 북튜버 중에서도 메신저 북튜버랍니다. 그런데 메신저는 또 무슨 뜻이냐고요? 메신저Messenger는 자신의 경험, 노하우, 지혜로 다른 사람들의 변화와 성장을 촉진시켜줌으로써 함께 행복한 성공을 누리도록 돕는 사람을 의미합니다. 메신저는 특히 세 가지 영역의 자유를 추구하는데, 시간의 자유, 경제적 자유, 관계적 자유를 추구하지요. 다시 말해 내가 원하는 시간에 내가 원하는 일을 내가 원하는 사람들과 함께 보내면서 의미 있는 삶과 경제적 여유, 다양한 인간관계를 풍요롭게 누리며 스스로 삶의 주도권을 가지고 선한 영향력을 미치며 살아가는 사람을 의미한답니다.

여러분은 가장 멋진 직업의 조건을 무엇이라고 생각하시나요? 제가 생각하는 최고의 직업 공식은 다음과 같습니다.

> 내가 좋아하는 일 + 내가 잘할 수 있는 일 + 내가 보람을 느끼는 일
> = 최고의 직업

자신이 좋아하고 잘하는 일을 하면서 보람까지 느낄 수 있다면 더할 나위 없겠지요? 과연 이런 직업이 존재할 수 있냐고요? 네! 가능합니다. 과거라면 불가능했을 일들이 메타버스, AI, 블록체인, 전기차와 같은 최첨단 신기술이 속속들이 등장하고 있는 지금 시대에는 나이와 상관없이 이러한 직업을 만들어낼 수 있는 가능성이 비약적으로 높아졌답니다. 급변하는 시대를 살아가는 우리에게 어떤 미래가

다가올지 예측하기란 너무나 어려운 일입니다. 과거와는 다르게 어떤 진로와 직업이 존재하게 될지 알기가 어렵기 때문에 기존의 방식으로는 미래에 대응할 수 없게 되었지요.

미래학자 앨빈 토플러는 "미래는 변화 속에 모호함의 파도를 타는 서핑 애호가들의 몫이다."라고 말했습니다. 그렇습니다. 나이와 상관없이 우리는 급변하는 시대를 살아가야만 합니다. 등산의 방식이 아닌 서핑 방식을 진로 모델로 삼아 즐겁게 살아가야 하는 시대인 것이지요. 제가 메신저 북튜버로 살아가는 이야기가 여러분에게 여러분만의 멋진 서핑을 위한 서핑 보드를 만들고 서핑 기술을 익힐 수 있는 좋은 팁이 될 수 있었으면 좋겠습니다.

여러분만의 멋진 서핑을 위한 서핑 보드를 만들고
서핑 기술을 익힐 수 있는 좋은 팁이 될 수 있었으면 좋겠습니다

첫인사

토크쇼 편집자 **편**
북튜버 책추남 **책**

 편 작가님, 안녕하세요? 잡프러포즈의 저자가 되어주셔서 감사드려요.

 책 정말 '어쩌다' 그렇게 되었네요? 스타 성우인 KBS 서혜정 성우님께서 어쩌다 연락을 주셔서 소개를 받아 이렇게 『어쩌다 북튜버』의 저자가 되었네요. 칼 융은 이 '어쩌다'를 '동시성Synchronicity, 즉 필연적인 우연'이라고 표현했지요.

 편 작가님 소개를 부탁드립니다.

 책 저는 제 직업을 메신저라고 정의내리고 있습니다. 메신저란 '자신이 소중히 여기는 메시지를 전함으로써 다른 이들의 행복한 변화와 성장을 촉진하고 돕는 사람, 다른 사람들에게 자신의 지식과 경험과 지혜를 제공하고 대가를 받음으로써 의미 있는 삶과 경제적 자유함과 다채로운 인간관계를 누리며 선한 영향력을 전파하는 사람'이라고 정의할 수 있습니다. 제가 전하는 메시지는 '애벌레가 나비로 날아오르듯이 나답게, 자유롭게, 충만하게!'입니다. 이 하나의 메시지를 다양한 N잡을 통해 전해 가고 있는데, 그중 1/N잡이 북튜버인 것이죠.

 편 포털 사이트에서 작가님 성함을 검색하니까 프로필이 나와서

봤어요. 좀 딱딱한 분이 아닐까 긴장했는데, 실제로 뵈니까 훨씬 더 편안한 느낌이고, 목소리가 너무 좋으시네요.

책 네이버에서 보신 모양이네요. 프로필 사진을 보고 저를 알아보는 분은 거의 없으니까 모르는 거나 다름없지 않을까요? 편안하게 느껴지셨다니 다행이고, 목소리가 너무 좋다는 표현은 칭찬일지 아닐지 고민(?)을 좀 해보겠습니다. 외모에 비해서 목소리가 좋다고 들리기도 하니까요.^^

편 유튜브 〈책추남TV〉 채널을 들어봤어요. 어려운 내용의 책을 쉽게 소개해 주셔서 좋았습니다. 그래도 여전히 저 같이 보통 사람은 쉽게 다가가기 어려운 책들이 대부분이었어요. 책추남은 어떤 북튜버인가요?

책 책추남은 삶의 진정한 변화와 성장을 촉진시켜주는 숨겨진 보물 같은 책들을 찾아 추천하는 북튜버입니다. 책추남은 오디오북처럼 책 내용을 그대로 낭독하는 '낭독 북튜버'가 아닌 책추남만의 관점을 가지고 책에 대한 이야기를 함께 나누는 '리뷰 북튜버'입니다. 사실 추천하는 책들의 수준이 좀 있는 편이긴 하지요?^^ 그래도 자꾸 듣다 보면 쉬워지지 않을까 해요. "여러분은 미운 오리 새끼가 아니고 백조입니다. 애벌레가 아니고 나비입니다." 이 이야기를 귀에 못이 박히도록 반복하거든요. 그러니까 제 딸아이는 세 살 때부터 알아듣긴 하더라고요. "아빠, 내가 지금 생떼를 부리지만 난 미운 오리가 아니고 예쁜 백조야! 엉~ 엉~"이라고 울면서요. 세 살짜리도 확실히 알아들은 거죠.^^

편 우리의 운명적인 순간은 거대하게 다가올 때도 있지만 우연히 쉽게 스치듯이 다가올 때도 많은 것 같아요. 작가님은 그런 경험이 있으신가요?

책 바로 제가 북튜버를 하게 된 계기가 그러하지요. 저는 컴퓨터를 잘 다루지 못하는 컴맹 수준인데다가 IT와도 안 친해서 제가 유튜버를 하게 되리라고는 꿈에도 생각하지 못했습니다. 친구에게 처음 북튜버를 권유받고 몇 년의 시간이 흘러, 2017년 12월 31일 밤에 그냥 해봐야겠다고 생각하고 구형 아이폰과 3,000원짜리 다이소 고릴라 삼각대, 검은 벨벳 카드 스프레드 천을 펴고 일곱 시간 넘게 걸려서 『다섯 가지 소원』이란 책을 첫 영상으로 올린 것이 어쩌다 시작된 제 북튜버 라이프네요.

편 제가 방황하고 힘들 때, 어떤 갈림길에 섰을 때, 그 일을 계기로 인간적으로 성장했던 그 순간에는 제 옆에 책이 있었던 것 같습니다. 책과 지혜는 떼려야 뗄 수 없는 관계인 것 같아요. 저는 책을 기획하고 편집하는 사람이어서 그런지 책을 소개하는 직업을 가진 북튜버와 마주 앉아 있는데 긴장도 되고, 기대도 됩니다. 북튜버 직업에 대해 알아본다는 건, 책에 대한 이야기, 결국 삶과 지혜에 대한 이야기가 될 것 같습니다. 그렇게 기대해도 될까요?

책 제가 가르쳐드릴 수 있을지 잘 모르겠네요. 기본적으로 저는 삶과 지혜는 가르칠 수 없다고 생각하는데요. 혹시라도 그럴 수 있다면, 제가 할 수 있는 건 상대방이 기억은 못 하고 있지만 스스로 이미 알고 있는 지혜를 일깨워주는 마중물 역할을 한 거라고 생각해요. 혹시라도 제가 여러분들께 작은 마중물이라도 부어드릴 수 있다면 정말 감사할 것 같습니다.

코치가 아니라 코코치라고 하는 이유가 있나요?

편 작가님, 자기소개 부탁드릴게요.

책 다시 한번 정리해서 종합적으로 소개 드려 볼까요? 저는 제가 소중히 여기는 가치를 지키는 선 안에서 돈이 되면 거의 다 하는 N 잡러 메신저, 북튜버 책추남, 코코치입니다.^^

편 코코치Co-Coach가 뭔가요?

책 서로 서로 코치하는 걸 의미해요. 누구를 만나든 간에 서로에게 배울 수 있는 게 있어요. 제 아이가 발도르프Waldorf 유치원을 다녔는데요. 전 사실 루돌프 슈타이너Rudolf Steiner의 신지학, 인지학 등 머리 아픈 책들을 꽤 많이 읽은 편인데, 발도르프 유치원을 3년 다닌 제 아이가 더 잘 아는 것들이 있어요. 아무리 어리더라도 각자의 경험이 다르기 때문에 모두에게 서로 배울 수 있다는 취지로 코코치라고 합니다. 앞에서 말씀드렸듯이 저는 메신저로서 북튜버이기도 하지만 코치이자 작가이기도 하고 보드게임 개발자이기도 하고 출판 법인의 대표이자 투자가이기도 해요. 퍼스널 브랜딩 보드게임인 마이 브랜드라는 보드게임도 개발했고, 주역 보드게임 출

• 중3 오서현 학생이 그려준 책추남 로고

시도 앞두고 있지요. CEO들을 코칭 할 때도 많으니까 CEO 전문 코치가 될 수도 있고, 독서 전문 코치이기도 하고, 브랜드 전략 코치이기도 하고, 투자 심리 코치이기도 하고, 청소년 영재 교육 전문 코치이기도 하거든요. N잡이 좀 많나요?^^

책추남이 북튜버를 하는 이유는 뭐예요?

📋 작가님이 북튜버를 하는 이유는 뭐예요?

📕 제 과거 경험 때문에 긍정심리학이나 인간의 행복에 관한 책을 많이 본 것 같아요. '사람은 어떻게 해야 행복하게 살 수 있을까?'가 정말 궁금했거든요. 그리고 『갈매기 조나단』, 『꽃들에게 희망을』 같은 책들뿐 아니라 『행복의 파랑새』, 파울로 코엘료의 『연금술사』 같은 유명한 이야기에 이미 답은 나와 있는 것 같아요. 바로 '진정 나다운 삶'이 행복한 삶의 비결이라는 것을요. 인생의 진실을 담고 있는 좋은 책들을 소개하고, 사람들이 자신의 행복을 찾아가는데 조금이라도 보탬이 되면 좋겠어요. 제가 북튜버를 하는 이유는 다음과 같은 일곱 가지 이유 때문이에요.

1. 스스로에게 그동안 읽은 책들을 다시 반복시켜 주기 위해서입니다.

2. 매일 좋은 책들로 하루하루 명상하기 때문입니다.
책을 낭독하고 소개하는 과정에서 저 스스로 명상이 되거든요. 말 그대로 책 명상Book Meditation이 되는 거죠.

3. 어린 딸 책추녀에게 언젠가 아빠가 읽었던 지혜의 책들을 유산으로 남겨주기 위함입니다.

우리 모두 언제 세상을 떠날지 모르잖아요. 어린 딸아이가 '아빠가 저 나이 때는 저런 생각과 느낌을 가지고 이런 삶을 추구하며 살았구나.'라는 것들을 남겨주고 싶어요.

4. 내가 가장 좋아하고 잘 할 수 있고 보람을 느끼는 일이기 때문입니다.

5. 좋은 책들을 출판하는 출판사들을 응원하고 싶어서입니다.

책추남을 보시면 특히 절판 도서가 많을 거예요. 제가 절판 도서만 찾아서 하는 게 아니라 제가 갖고 있는 책들을 소개하려고 봤더니 절판이 돼버린 거예요. 우리나라는 좋은 책들이 빛을 못 보고 빨리 절판되는 경우가 많아서 좋은 책들과 그 책을 출판하는 출판사들을 응원하고 싶어요. 정말 좋은 책을 출판하고도 마케팅력이 약해서 고생하는 곳들이 너무 많잖아요. 좋은 일을 하면 그에 상응하는 좋은 보상도 따르는 세상을 만드는데 조금이라도 기여하고 싶어요. 제가 생각하는 좋은 세상이란 좋은 책이, 좋은 사람들이 그 가치대로 소중히 인정받는 세상을 의미합니다.

6. 좋은 지혜가 널리 널리 퍼져나가기를 희망합니다.
책이라는 상품은 굉장히 독특해요. 한 사람과 인류의 지식, 지혜를 가장 가성비와 가심비 좋게 연결할 수 있는 엄청난 도구라고 생각해요.

7. 『꽃들에게 희망을』에 나온 것처럼 아름다운 꽃들이 만발하는 더 아름다운 세상을 꿈꾸기 때문입니다.
좋은 책이 널리 널리 퍼지면 우리의 독서문화가 바뀌고 우리 정신문명이 바뀔 수 있는 거잖아요. 이게 제가 추구하는 작은 나비의 날갯짓이 거대한 태풍을 일으키는 '책추남 나비 효과' 예요.

이렇게 제가 북튜버를 시작했던 동기를 보면 단 한 가지도 외적 동기가 없었어요. 처음엔 유튜브가 수익이 될 수 있다는 사실조차도 모르고 시작했으니까요. 그러니까 남이 들어주든 안 들어주든 상관없이 꾸준히 할 수 있었던 거죠. 제가 북튜버라는 일에 감사하는 이유는 제가 가장 좋아하는 일, 잘 하는 일, 다른 사람에게도 유익한 일 이렇게 세 가지가 모두 만족되는 일이기 때문이에요. 세상에 이렇게 좋은 일이 어디 있어요. 수익도 어느 정도 가능하고요.

팀 페리스의 『4시간』이라는 유명한 책이 있어요. 일주일에 네 시간만 일하면 된다고 해서 처음 봤을 때는 저와는 너무나 먼 일이고, 미국에서나 가능한 일이라고 생각했죠. 그런데 저에게 북튜버는 하루에 한 시간 정도 내가 좋아하고 잘하고 원하는 일을 하면서 다른 사람에게도 좋은 영향을 주고, 경제적인 부분도 어느 정도 해결되는 너무 멋진 일인 거예요. 저는 구독자가 많은 북튜버나 조회 수가 많은 북튜버가 되는 것을 원하진 않아요. 그것보다는 책추남이 추천한 책을 구독자들이 실제 구매하는 비율인 구매전환율이 저에겐 더 중요해요. 다시 말해 실질적인 영향력이 중요한 거죠. 어떻게 보면 제가 추구하는 방향은 래퍼들이랑 비슷한 거 같아요. 래퍼들은 대중적으로 광범한 인기를 누리지는 않지만 자기의 진성 팬으로 이루어진 팬덤이 있잖아요. 제가 메신저로 전하고 있는 "애벌레가 나비로 날아오르듯 나답게, 자유롭게, 충만하게 살아가자!"는 메시지에 공감하는 사람들이 모이는 팬덤 커뮤니티를 추구하고 있어요.

책추남이 진로나 직업을 선택할 때
어떤 원칙이 있나요?

📖 진로나 직업을 선택할 때 어떤 원칙이 있나요?

📕 20세기 진로 이론은 등반 이론이었습니다. 마치 산을 오르듯이 제1 캠프, 제2 캠프 이런 식으로 정해진 목표 지점을 정하고 올라가는 즉, 등반하는 식이지요. 2016년 소천한 미래학자 엘빈 토플러는 "미래는 적응형 학습자와 변화 속에서 모호함의 파도를 타는 서핑 애호가들의 몫이다."라고 말했어요. 즉 20세기가 등산 모델을 추구했다면 21세기는 서핑 모델을 추구해야 하는 것이지요. 이미 정해져 있는 코스를 따라 올라가는 등산이 아니라 서핑의 경우는 어떤 변화의 파도가 올지 모르기 때문에 매번 그 변화의 파도에 맞추어 역동적 균형을 찾아가야 한다는 거죠.

진로 상담 분야의 최고 권위자로 2004년 미국상담협회로부터 '상담계의 살아 있는 전설Living Legend in Counseling Award'에 선정된 스탠포드 대학의 존 크럼볼츠John D. Krumboltz 교수가 주창한 '계획된 우연성Planned Happenstance' 이론이 있어요. 제 기억이 맞는다면 크럼볼츠 교수 본인은 자신의 진로를 다음과 같이 선택했다고 해요. 고등학교 때 테니스를 치다가 테니스 코치한테 "저 무슨 과를 가면 좋을까요? 잘 모르겠어요."라고 했더니 "그럼 심리학과에 한 번 가보지?"라고 대답해 주셔서 심리학과로 진학했대요. 그런데 테니스 코치가 심리학과 교수여서 그렇게 조언을 했던 거죠. 그래서 크럼볼츠 교수는 다른 사람들은 어떻게 진로를 결정했는지 호기심을 가지고 연구해 봤더니 소위 성공했다고 말하는 사람들 중 80퍼센트는 '어쩌다' 우연한 계기로 그 직업에 들어선다는 걸 알게 되었죠. 그 동시성, 우연성을 우리가 컨트롤 할 수는 없지만 필연성으로 연결시키기 위해서 그런 우연이 자주 나타날 수 있는 환경을 부지런히 만드는 것이 중요하다고 해요. 그 환경에 계속해서 나를 노출시키면 그런 동시성이 더 많이 일어나거든요. 이렇게 정립한 진로 이론이 '계획된 우연성'이에요. 저 또한 계획된 우연을 통해 지금의 진로에 이르렀다고 할 수 있고요.

세상에 좋아하는 일을 하면서 살아가는 사람이 몇 명이나 될까요? 자신이 잘하는 일을 하는 사람이 몇 명이나 될까요? 그리고 자신이 보람을 느끼는 일을 하는 사람이 얼마나 될까요? 정말 행복한 직업이란 이 세 가지의 공통 합집합에서 찾아야 하는데, "좋아하는 일이 무엇인가요?"라는 단순한 질문에도 대부분 답을 못합니다. 그 질문이 뭘 의미하는지조차도 우리는 잘 모르거든요. 한 번 답해보시겠어요? "좋아한다는 것이 무슨 뜻인가요?" 생각보다 명

료히 답하는 것이 쉽지 않을 거예요. 좋아하는 일은 그걸 하면서 '내가 나답다, 내 심장이 뛰고, 그 일을 하는 순간 살아있다고 느끼고, 시간도 공간도 잊고 몰입하고 있구나.'를 느끼는 거예요. 사실 사람은 누구나 그런 것이 한두 가지 정도는 있어요. 혹시 본인은 잘 모르겠다고 생각한다면, 일곱 살 이전의 자신이 무엇을 좋아했는지를 기억해 보면 좋습니다. 자기 본 모습에 가까웠을 때 자신의 모습에서 찾으면 좋아요. 그래서 부모님이 어린 시절부터 아이가 무엇에 쉽게 몰입하는지를 관찰해서 기록해 두면 아이가 나중에 자신의 길을 찾아가는데 큰 도움이 될 수 있습니다. 누가 안 시켜도 스스로 자연스럽게 이끌려서 몰입하는 일들이 있거든요. 이게 제가 말씀드리는 '좋아한다'는 정의예요.

그다음은 잘하는 일이에요. 저는 옛날에 'e편한세상' 광고의 비보이 동영상을 보고 매혹돼서 밤부터 새벽까지 세 시간 삼십분 넘게 동영상을 반복 재생해 본 적도 있어요. 한때는 양아치라고 불리던 애들이 좋아하는 거 하면서 전 세계를 석권하고 우리나라 문화산업을 바꾸는 게 너무 멋있어 보였어요. 그런데 제가 비보이를 좋아한다고 비보이가 될 순 없어요. 아쉽게도 춤에는 정말 소질이 없거든요. 설혹 내가 어떤 분야를 잘한다고 하더라도 잘한다는 건 '얼마나 잘해야 하지?'의 문제에 부딪혀요. 아무나 피아니스트 조

• KBS 명사들의 책읽기 출연

성진이 될 수 없고, 김연아가 될 수 없고, 손흥민이 될 수 없어요. 그렇다면 잘하면 얼마나 잘해야 할까요? 잘한다는 건 그 일로 먹고 살 수 있을 정도는 되어야 한다고 생각해요. 세계적인 명연주자는 못돼도 피아노 선생님은 할 정도, 유명 스포츠 선수는 못돼도 체육 교사는 할 정도요. 제가 생각하는 잘 한다는 의미는 좋아하는 일을 하면서 먹고 살 수 있는 수준까지는 할 수 있어야 한다는 거죠. 즉, 자신이 경제적으로 독립할 수 있을 정도는 해야 한다는 의미예요.

세 번째 보람 있는 일이란 우리가 세상을 바라볼 때 가장 마음 아픈 대상을 위해 봉사할 수 있는 일이에요. 어떤 사람에게는 그 대상이 버려진 개나 고양이일 수 있을 거예요. 저는 청소년들을 볼 때 제 청소년기의 힘겨웠던 경험이 투사되어서 마음이 아팠어요. 우리 아이들에게, 다음 세대에게 정말 다른 세상을 보여주고 싶어요. 요즘 교육을 보면 꽤 오랜 시간이 지났음에도 저 어릴 때 교육이랑 차이점이 보이지 않아요. 저렇게 마음고생, 몸 고생 안 하고도 새로운 세상을 볼 수 있다면, 그리고 시대에 맞는 준비를 할 수 있으면 훨씬 수월하고 행복하게 살아갈 수 있을 텐데 너무 안타까워요. 아이들이 새로운 세상을 보고, 새로운 세상을 꿈꾸고, 새로운 세상에 맞는 준비를 할 수 있도록 도울 수 있는 학교 설립이 제 꿈 중에 하나예요. 지금까지 말씀드린 세 가지 질문이 저에게 진로 선택의 나침반 역할을 해줬다고 생각해요.

편 작가님께서 말씀하시는 '어쩌다'는 어떻게 만날 수 있을까요?
책 '어쩌다'는 정신의학자 칼 융이 이야기한 '동시성, 즉 필연적인 우연'이라는 말로 표현하기도 해요. 앞에서 말씀드린 크럼볼츠 교수의 '계획된 우연성'이라는 진로 이론을 조금 더 자세히 소개하면 다음과 같습니다.

1. 우리 삶에 일어나는 모든 사건이나 만남에는 의미가 있다. 쓸데없이 일어난 일은 없다.

2. 우연적인 사건들은 우리 삶을 풍부하게 할 수 있다.

3. 이러한 우연은 우리가 어떤 인생관이나 삶의 자세를 가지냐에 따라 불러들일 수 있다.

4. 행운을 가져다주는 우연은 어느 정도 의도할 수 있고 계획적으로 빈도수를 높일 수도 있다.

5. 이렇게 불러들인 행운은 이미 단순한 우연이 아닌 필연성을 갖게 된다.

이런 기본 가정을 가지고 삶을 대할 때, '어쩌다'를 더욱 자주 만나게 되고 이것이 바로 우리의 진로와 성공, 행복으로 이어지는 가능성을 높여주는 거죠.

책추남이 추구하는 성공은 어떤 건가요?

📖 책추남이 추구하는 성공은 어떤 건가요?

📕 성공이란 단어도 추상명사인 것 같아요. 사실 다들 성공하고 싶다고 말하지만 "성공이란 무엇이죠?"라고 질문하면 답하는 분들을 많이 못 본 것 같아요. 제 경우는 오랫동안 고민하다가 스스로 정리해 본 성공의 정의는 다음과 같아요. "성공이란 마음의 평화이다. 마음의 평화는 최선의 내가 되기 위해 최선을 다했다는 사실을 스스로가 아는 데서 스스로가 느끼는 충만한 느낌이다." '최선의 나'라는 개념은 '참 나'를 의미하지요. 저는 메신저로서 〈책추남 TV〉라는 유튜브 채널을 통해 "우리의 본 모습은 미운 오리 새끼가 아니라 백조입니다. 애벌레가 아니라 나비입니다."라고 구독자들에게 귀에 못이 박히도록 말씀드리고 있어요. 백조와 나비가 바로 '참 나'를 비유하는 것이지요.

제가 정의 내리는 "자유는 스스로 소중히 여기는 가치를 지키면서 살아갈 수 있는 실력과 지혜를 갖추고, 어떤 상황에서도 제약 없이 자신의 생각을 표현하고, 자신이 추구하는 자기다운 진짜 모습을 삶에서 드러내 솔직한 감정을 표현하고, 자신의 꿈을 추구할 수 있는 선택권을 가지고 있다."는 걸 의미합니다. "행복은 주어진 상황 가운데 나답게 살아가면서 감사함을 느끼는 것"이라고 생각하고요. 저는 지금까지는 성공, 자유, 행복을 이렇게 정의하고 있습니다. 앞으로 살아가면서 이 단어들을 더욱 명료하게 정리해나가게 되겠지요? 끊임없이 스스로에게 질문하고 있으니까요.

편 저희 책 출간 제안을 받으셨을 때 어떠셨어요?

책 처음엔 안 한다고 했어요. 왜냐하면 책 쓰는 일이 쏟아붓는 에너지에 비해서 보상이 결코 크지 않거든요. 많은 분들이 책을 내면 갑자기 부유해지고 유명해지는 줄 아는 것 같아요. 제 첫 책 『꿈을 이루는 6일간의 수업』이 나오자마자 교보문고 청소년 분야 베스트셀러 1위가 되고, 중앙일보에서 인터뷰 요청이 오기도 하고, 다음 Duam 실시간 검색 1위까지 올라가기도 했어요. 그런데도 재정적 측면으로는 유학시절 한 학기 학비의 일부밖에 감당 못 했어요. 그리고 그 뒤로 제가 유명해졌냐 하면, KBS, EBS, YTN와 같은 여러 방송에 나가서 인터뷰도 했지만 그래서 저를 아는 사람이 몇 명이나 있었을까요? 저는 그동안 국회는 물론 전국의 영재센터, 대학, 기업에서 강의하고 컨설팅도 할 만큼 해봤기 때문에 강의에 대한 아쉬움이 없어요. 그렇게 해봤자 여기저기 떠도는 장돌뱅이밖에 안 된다는 걸 너무 잘 알기 때문에 관심이 없어요. 그런데 잡프러포즈 시리즈는 독특하게 편집자와 대화하며 책을 만들어낸다고 해서 에너지를 많이 줄일 수 있겠다고 생각했어요. 그리고 저의 북튜버

라이프를 정리해 볼 계기도 되고, 〈책추남TV〉 구독자들, 북튜버나 메신저가 되고 싶은 분들에게 하나의 나침반이자 좋은 선물이 될 수 있겠다고 생각했죠.

🈷 어떤 사람에게 도움이 될까요?

🈷 사실 이 시대의 모두에게 필요한 책이 될 것 같아요. 이제 누구나 N잡을 준비해야 할 시대가 되었기 때문에 N잡을 준비하기 원하시는 분, 삶의 의미를 추구하면서도 경제적 자유와 다채로운 인간관계를 추구하는 메신저로 살아가고 싶은 분들 모두에게 도움이 될 거라고 생각해요.

어쩌다
북튜버

북튜버는 어떤 일을 하나요?

[편] 북튜버는 어떤 일을 하나요?

[책] 북튜버는 책을 소개하는 일을 해요. 책을 추천하는 일을 해서 '책 추천해 주는 남자, 책추남'이라고 이름을 지은 거예요. 어떤 분은 정말 궁금하다며 "책추남이 책을 추적하는 남자냐?"라고 물어서 웃기도 했었는데요. "도대체 얼마나 못생겼으면 추남이라고 이름 붙였냐?"라며 궁금하다고 정모에 실제 얼굴을 구경(?)하러 찾아오는 분도 있어요.^^ 북튜버는 책을 읽어주거나 책 내용을 함께 이야기 나누는 일을 해요. 저의 경우는 절판된 도서를 되살리는 '〈책추남TV〉 좋은 책 살리기' 프로젝트나 북튜버들의 커뮤니티인 '우리는 북튜버다'를 함께 시작하기도 하고, 북튜버들과 함께 북튜버와 출판사가 좋은 영향력과 시너지를 만들 수 있도록 '북튜버&출판사 저작권 가이드라인 표준화' 같은 공익을 위한 프로젝트를 진행하기도 해요.

[편] 북튜버에도 종류가 있나요?

[책] 북튜버는 크게 낭독 북튜버와 리뷰 북튜버가 있어요. 낭독 북

튜버는 자기 의견을 더하지 않고 오디오북처럼 그냥 읽어 내려가지요. 저 같은 북튜버는 리뷰 북튜버예요. 자기의 관점과 기준을 가지고 책 이야기를 함께 나누죠. 이렇게 두 부류로 나뉘는데 구독자들의 취향에 따라 선호하는 스타일이 다른 것 같아요. 요즘은 유튜브 정책으로 순수 낭독은 점점 어려워지는 추세입니다.

편 오디오북보다 낭독 북튜브가 더 편한가요?

책 오디오북은 일단 돈이 들고 낭독 북튜브는 무료죠. 오디오북은 책 전체를 요약하거나 그대로 낭독해 주는데 반해 낭독 북튜버들은 분량 면에서 제한이 있는 경우가 많고요. 사용하는데 편한 걸로만 치면 오디오북이 활용하기 더 편하게 돼 있어요. 그런데 대부분 유튜브가 친숙하잖아요. 플랫폼에 관한 친숙도와 콘텐츠 범위와 양이 유튜브가 훨씬 크죠. 낭독 북튜브 채널의 내용을 듣고 궁금하면 오디오북으로 넘어갈 수 있으니까 서로 시너지를 내기에 좋다고 생각해요.

북튜버 직업을 추천하시는 이유가 있나요?

편 북튜버 직업을 추천하시는 이유가 있나요?

책 저는 북튜버를 전업으로 하는 건 추천하지 않아요. 그러기에는 수익성이나 안정성 측면에서 아직은 부족하다고 생각해요. 저도 메신저로서 N잡의 하나로 북튜버를 하고 있는데, 그래도 북튜버가 된다는 건 여러 가지 좋은 점이 많은 것 같아요. 스스로 책을 잘 선정해서 읽는 학습 효과도 있지만 실전 경영을 실습해 볼 수 있어요. 제가 경영학과 석사 학위도 있지만 그렇다고 실전 경영을 잘할 수 있는 건 아니더라고요. 실전에서 부딪히는 건 완전히 다른 얘기거든요. 유튜브 채널 하나를 운영하면 무자본, 무리스크Risk로 실전에서 배울 수 있는 다양한 경험을 하면서 직접적으로 실전 경영 감각을 체득할 수 있어요. 내 채널을 내가 매니지먼트할 수 있는 힘을 스스로 길러낼 수 있기 때문에 이것보다 좋은 경영 교육은 드물다고 생각해요. 유튜브 스튜디오 앱이 있는데 빅 데이터로 다 분석해 줘요. 예를 들면 어느 나이대가 채널에 주로 들어오고, 대한민국에서 몇 퍼센트가 들어오고, 미국이나 캐나다, 일본, 호주, 오스트리아에서 몇 퍼센트가 들어오는지 다 보여주죠. 여러분이 지금 창업이나 부업을 하려면 브랜드 전략과 경영 전략을 모두 활용할 줄 알아야 하거든요. 이 모든 걸 무료로 공부할 수 있는 좋은 기회인 거 같아요. 돈 공부하기에도 좋고요.

유튜브 채널 하나가 바로 하나의 회사와 같아요. 브랜드 전략, 카피라이팅은 물론 마케팅을 포함해 전반적인 경영 전략과 실전 경영을 유튜브 채널을 운영하면서 직접 체험해 볼 수 있어요. 제가 브랜드 컨설팅 전문 기업에서 총괄 부사장으로 일한 경험이 있기도 해서 이렇게 말씀드릴 수 있는 건데요, 유튜브를 운영하면서 중요한 브랜드 전략, 광고 카피까지 모든 걸 경험하며 익힐 수 있죠. 그런 의미에서 직업과 상관없이 지금 같은 N잡의 시대에서는 기업가정신Entrepreneurship을 익히기 위해서도 유튜브 채널 운영은 꼭 배워볼 가치가 있다고 생각해요. 그래서 성인들뿐 아니라 네이버와 EBS가 함께 설립한 스쿨잼에서는 청소년 북튜버 양성 프로그램인 '책추남 NAVI 북튜버 영재 스쿨'을 운영할 계획도 있어요. 북튜버들의 커뮤니티 '우리는 북튜버다'에서 다른 북튜버들과 함께 청소년 북튜버 양성을 위한 기부 강연을 진행하기도 했고요.

책추남의 테마를 '자기'로 정한 이유가 뭔가요?

🔲 〈책추남TV〉 채널에 들어가서 보니까 작가님이 선정한 책은 자기계발, 자기교육 자기 확언 등 전부 '자기'에 맞춰져 있어요. 그렇게 테마를 정한 이유가 뭔가요?

📖 제가 만 권이 훌쩍 넘는 책들을 읽었는데, 이렇게 책들을 읽다 보니 신기한 현상이 나타나기 시작하더라고요. 장소와 문화권, 성별, 직업 나이와 상관없이 저자들이 입을 모아 똑같은 소리를 하고 있다는 것을 발견했습니다. 인간의 성공과 행복은 궁극적으로 "나는 누구인가?"에 대한 답으로 귀결되는데, 그것은 바로 제가 메신저로서 〈책추남TV〉를 통해 귀에 못이 박히게 말씀드리고 있는 "우리의 본 모습은 애벌레, 미운 오리 새끼인 가짜 나, 에고ego가 아니라 나비, 백조인 진짜 나 셀프SELF입니다!"라는 메시지입니다. 가장 자기SELF답게 사는 삶이 최고의 삶이라는 의미이지요. 바로 이런 발견이 제가 한결같이 자기를 강조하고 있는 이유입니다.

책추남 1회 방송이 궁금해요

📭 책추남 1회 방송이 궁금해요.

📖 검은색 벨벳으로 된 카드 스프레드 천, 당시 이미 구형이었던 아이폰 5, 다이소에서 구입한 3천 원짜리 고릴라 삼각대를 갖고 일곱 시간 동안 작업해서 만들었어요. 지금은 20분이면 동영상을 만들어서 열 개가 넘는 플랫폼에 업로드까지 해요. 아마 세계에서 가장 쉽고 빠르게 업로드하는 북튜버가 아닐까 생각이 되네요.^^ 실제 '책추남처럼 북튜버 되기'라는 북튜버 코칭 수업의 캐치프레이즈가 '세상에서 가장 쉽고 빠르게 북튜버 되기'랍니다. 실제 참여하시는 분들은 컴퓨터를 어느 정도 다룰 줄 아는 수준이면 "이렇게 쉬운 거였어요?"라고 말하고, 지금까지 최연소 참가자 기록을 가지고 있는 중3 학생은 "5분이면 다 배워요!"라고 말하더라고요.

📭 작업 시간은 매번 다른가요? 아니면 거의 비슷한가요?

📖 다른 북튜버들을 보면 2일 이상 걸리는 분, 세 시간, 여섯 시간, 여덟 시간 작업하는 분 제각각이에요. 저는 책을 읽으며 녹음하는 시간을 제외하면 20분 안에 업로드까지 해요. 20분 내에 유튜브

로 업로드하고 블로그, 페이스북, 인스타그램, 틱톡, 메타버스 제페토, 팟빵, 네이버 소리오디오, 트위터, 링트인 등 열 개가 넘는 채널에 동시에 다 뿌려요. 제가 일타쌍피를 좋아하는데, 좀 더 고상하게 (?) 표현하면 원 소스 멀티 유즈OSMU: One Source Multi-Use 전략이죠. 저는 개인적으로 가장 쉽고 빠르게 하는 걸 추구해요. 일단 제가 컴퓨터를 잘 다루는 편이 아닌데다가, 유튜브 채널 운영에만 너무 많은 시간을 쓰고 싶지는 않거든요.

악플 어떻게 대처하세요?

편 악플 어떻게 대처하세요? 저는 제가 좋아하는 채널에 악플이 달리면, '이 사람들은 여길 안 오면 되지, 왜 악플을 달까?' 궁금하더라고요.

책 물론 〈책추남TV〉 채널에도 악플이 종종 달려요. 정말 악의적인 악플도 많고요. 예를 들면 『돈의 미래』에서 세계적인 투자가 짐 로저스가 바이든 당선을 예측한 내용을 소개했더니 "종북 좌파! 빨갱이!", 일본 서적을 소개하면 "친일파!" 같은 정말 황당한 악플들이 그렇지요. 그런데 예를 들면 "따발총 쏘냐? 말이 바르네."라고 악플을 달면 이런 부분은 가치가 있다고 판단해서 귀담아들어요. 제가 실제로 말이 좀 빠른 편이거든요.

악플이 처음에는 기분 나쁠 수밖에 없죠. 그래서 저는 가리기 기능인 '채널에서 사용자 숨기기'를 활용해요. 그러면 악플 단 본인 외에는 아무도 못 봐요. 악플에 답을 하면 끊임없이 악순환으로 가기 때문에 그대로 두거나 막 뭐라고 해도 좋아요, 사랑합니다, 하트 찍어드리고 감사합니다, 엄지 척 찍어드리기도 해요. 너무 지나치지 않은 수위의 악플은 그대로 둬요. 적절한 악플이 있으면 더한 악플을 막아주기도 하거든요. 하고 싶은 말을 다른 사람이 먼저 하면 오히려 표현의 욕구를 해소해 주니까요. 그리고 악플을 체로 쳐서 보면 발전의 요소가 되더라고요.

제가 '북튜버의 모든 것 Q&A 특강'을 할 때 지금까지 어떤 피드백이 가장 도움이 되었냐는 질문에 곰곰이 생각해 보니, 악플들이 떠오르는 거예요. 책추남이 발전하는데 악플들도 분명 많은 도움이 됐어요. 좋은 선플러들은 "고마워요"라는 좋은 이야기만 써 주시니까 기분도 좋고 참 감사하죠. 그런데 이것만 갖고 발전할 수는 없잖아요. 악플도 잘만 추리면 약이 된다고 할까요? 악플을 잘 해독해서 그 본뜻을 받아들이면 선플만큼이나 좋은 역할을 할 수 있다고 생각해요.

앞서 말했듯이 북튜버는 크게 오디오북처럼 책을 그대로 낭독하는 낭독 북튜버와 저처럼 자신만의 관점을 가지고 책 이야기를 하는 리뷰 북튜버가 있는데요. 저는 리뷰 북튜버죠. 그럼에도 불구하고 "시끄럽다. 입 닥치고 책이나 읽어라!"라는 식의 악플이 달리는 경우도 종종 있어요. 그런 경우는 리뷰 북튜버라는 〈책추남TV〉의 정체성을 지키는 것이 중요하기 때문에 그냥 흘려보냅니다. 악플 때문에 채널의 브랜드 정체성을 포기할 수 없기 때문이에요.

편 저는 지금 겨우 구독자가 156명인데 서서히 악플이 달리기 시작해요.

책 축하해요! 악플이 달린다는 건 주목받기 시작했다는 말이에요. 그래서 '책추남처럼 북튜버 되기' 수강생들에게 악플이 달리면 기뻐하시고 기념 파티 시작하라고 말씀드려요. 사실 악플을 피할 수 있는 사람은 아무도 없어요. 법륜 스님의 〈즉문즉설〉 유튜브 채널에 가보세요. 악플이 있어요. 심지어 BTS 노래 동영상에도 다 악플이 달려있어요. 저는 이것이 우주의 원리라고 봐요. 주역에서 태극으로 상징되는 음과 양의 조화가 나타나는 모습이라고 생각하는 거죠. 너무 과한 건 그냥 가리기 하면 되니까 지나치게 반응하지 않는 것이 좋지요.

책을 선정하는 기준이 있나요?

📘 작가님 채널을 보는데, 거의 처음 보는 책들이었어요. 책을 선정하는 기준이 있으신가요?

📕 책추남의 책은 다음과 같은 다섯 가지 기준으로 선정해요.

1. **불변성** 인류 역사상 불변했는가?
2. **보편성** 인류 문화권에 보편적인가?
3. **자유** 내적 자유함을 주는가?
4. **평안** 내적 평안함을 주는가?
5. **희망** 깊은 희망을 주는가?

저는 이 다섯 가지 기준을 가지고 책을 선정합니다. 구체적인 카테고리를 말씀드리면 다음과 같아요.

天 하늘의 마음공부 카테고리 : 명상, 영성 등

地 땅의 돈 공부 카테고리 : 미래 트렌드, 세상의 메가트렌드, 투자, 앙트러프러너십 즉 기업가 정신, 메신저 비즈니스, N

잡러 등

人 사람 공부 : 건강, 내 몸에 관한 지혜, 심층 심리, 협상, 커
뮤니케이션 등

편 지금까지 대략 몇 권정도 소개하셨나요?

책 지금 시점에서 〈책추남TV〉 채널에 올라온 동영상은 1,900개
가 넘네요. 한 권당 하나의 동영상 콘텐츠는 아니고, 한 권을 여러
번 소개한 경우도 있고 공지 영상도 있긴 한데, 그런 걸 제외해도
천 권은 넘었다고 봐야겠죠.

편 작가님처럼 매일 책을 선정한다는 건 보통 사람들에게는 쉬운
일은 아니에요. 감명 깊게 읽었던 책들 중에서 선정하시는 거죠?

책 그동안 읽었던 책들 중에서 하는데, 읽어 놓은 책이 많아서 그
게 저의 강점이 된 거죠. 새로운 책을 보더라도 금세 파악이 돼요.
하버드에서 공부할 때도 리딩 과제 양이 너무 많아서 다 못 읽어
요. 논문이나 리딩 자료를 보더라도 앞에 서문을 먼저 정확하게 보
고, 바로 마지막 결론으로 가요. 목차는 책의 서론에서 결론으로 이
어지는 징검다리니까 전체적인 흐름으로 살펴보고요. 그리고 중요
하다고 파악되는 부분이나 관심 있는 부분을 중점적으로 살펴보지

요. 사실 모든 책을 처음부터 끝까지 정독할 필요가 없는데 한국 사람들은 그렇게 배워요. 문학 작품을 이런 방식으로 읽을 수는 없지만 정말 필요한 책들은 저자의 배경을 파악하고 프롤로그, 에필로그를 정독한 후에 목차 중에 필요한 걸 뽑아서 보면 되거든요. 우리들은 책 안의 모든 내용을 다 읽어야 한다는 강박관념이 너무 강한 것 같아요. 80대 20의 법칙으로 널리 알려진 파레토의 법칙 들어보셨죠? 마찬가지로 독서에서도 책의 20퍼센트만 읽어도 전체 내용의 80퍼센트는 파악할 수 있어요.

책추남의 첫 번째 책을 어떻게 선정하셨나요?

편️ 책추남의 첫 번째 책을 어떻게 선정하셨나요?

책️ 처음으로 북튜버를 시작한 날이 1월 1일, 새해 계획을 세우는 날이었어요. 『다섯 가지 소원』이라는 책이었는데, 게리 헨드릭스 Gary Hendrix라는 미국의 저명한 상담 교수이자 작가이자 강연자가 자기 인생을 완전히 바꿔놓은 질문들에 관해 이야기한 내용이었죠. 나중엔 이 실화를 바탕으로 영화까지 만들어졌어요. 그 책에서 자기를 변화시킨 핵심적인 질문이 이거였어요.

> "당신이 지금 당장 죽는다면 인생에서 가장 후회할 다섯 가지
> 를 적어보세요."

이 질문에 대한 답을 적어 보면 내가 무엇을 우선순위에 두고 있는지 알 수 있고, 인생의 목적과 방향을 잡을 수 있다고 해요. 저자는 30대에 그 질문을 받고 인생을 완벽하게 바꿔요. 자신이 무엇을 기준으로 삼고, 뭘 소중히 여기고 있는지 알게 되죠. 인생의 기준과 개념에 대한 내용을 다룬 이 책이 책추남의 첫 번째 책이었어요.

어떤 책을 소개할 때 가장 편하세요?

📘 어떤 책을 소개할 때 가장 편하세요?

📕 여러 가지 책을 소개해 봤는데 제가 읽을 때 몰입되고 신나는 책이 제일 좋은 책인 것 같아요. 마케팅 전문가에게 조언을 받아 SEO(검색 엔진 최적화)를 위해서 네이버 광고에서 키워드를 분석해 적용도 해봤는데요, 저 같은 경우는 오히려 그렇게 했을 때 좀 맥이 빠지는 느낌이고 조회 수도 떨어지더라고요. 구독자들에게 전달되는 에너지가 달랐던 것이 아닐까요? 이 경험을 한 후에 제게 북튜버를 권했던 친구와 얘기할 때, "나는 열 권을 소개해야 하면 내가 원하는 책 여덟 권과 독자들이 듣고 싶어 하는 책 두 권을 소개할래."라고 했더니 친구는 저와 반대의 비율로 하겠다고 하더군요. 이건 각자의 선택이 아닐까 해요.

전 일단 제가 신나고 재미있고 몰입이 돼야 지속적으로 오래 할 수 있으니까 제 스타일로 하기로 결정했어요. 책은 아침에 일어나서 책장을 쭉 바라보다가 느낌이 '팍'하고 오면, 즉 필이 꽂히면 그 책을 뽑아서 하죠. 혹은 메타버스나 NFT 같이 제가 공부하고 싶은 주제들이 있으면 그 책들을 선택하기도 하고, 주변에 도움을 주

고 싶은 사람들이 있거나 선물로 주기 위해 동영상을 만들기도 해요. 한 마디로 제 마음대로죠.^^

편 책을 많이 소장하고 계시나요?

책 이사할 때 책만 운반하는 용달차를 따로 불러야 할 정도로 많이 가지고 있는 편이에요. 세어 보진 않았지만 기본적으로 몇 천 권은 넘는 거 같아요. 창고에도 몇 박스 쌓아놓았는데 책장에 다 못 꽂아서 바닥에 쌓아 놓은 책들도 많아 아내에게 종종 구박(?)을 받습니다.^^

제가 만 권의 독서량을 말씀드리는데, 저는 만화광이라 기본적으로 만화책만 10대에 이미 수천 권을 넘게 읽었거든요. 어렸을 때 읽었던 동화, 명작, 소설, 교과서 등도 포함하면 만 권은 당연히 넘는 거 같아요. 20대 때 후배가 저에게 "형, 만 권 읽었다고 뻥치지 마!"라고 해서 집에 와서 직접 세보라고 했었는데요. 실제 그 후배가 집에 와서 3천 권 넘게 세다가 손들더라고요. 그 당시만도 5천 권은 넘게 가지고 있었던 것 같네요. 그 뒤로도 책장의 책들이 몇 번 바뀌었으니까 만 권은 족히 넘게 읽었다고 말씀드리는 거예요.

많은 책을 읽는 게 좋을까요?

편 북튜버로서 많은 책을 읽는 게 좋을까요?

책 꼭 그런지는 저도 잘 모르겠어요. 다만 제가 20대 때, 헬라어 히브리어 원어로 성경을 배운 적이 있었는데 그때 가르쳐주셨던 전도사님께서 "경전의 한 구절은 철학서 300권과 맞먹고, 철학서의 한 구절은 예술서 300권과 맞먹는다. 나머지는 다 3차 문서다. 나는 경전 관련 서적을 700권을 읽었으니 3차 문서를 많이 읽은 너의 만 권 독서량과 비교가 되지 않는다."라고 말씀하셨던 적이 있는데요. 돌아보면 그 말씀이 맞는 것 같아요. 결국 경전에 나온 이야기들을 풀어서 여러 방식으로 말하는 거니까요.

책추남의 독서 클럽 중 하나인 '2030 북살롱'에서 어떻게 하면 속독을 할 수 있냐는 질문을 받은 적이 있어요. 그때 제가 했던 대답이에요. "단 한 권만 읽더라도 다른 책들이 다 꿰뚫어지는 책들이 있어요. 나머지 읽는 책들은 그 책의 아류이기 때문에 굳이 다 읽지 않아도 돼요. 그런 키 북Key Book들을 읽는 게 시간과 에너지, 돈을 아끼는 최고의 속독이라고 생각해요." 그렇다고 무조건 고전을 읽으라는 의미는 아니에요. 중고등학교 시절엔 이해도 안 되는 고전들을 시험 준비해야 한다고 꾸역꾸역 읽었잖아요. 사실 정말 재미없고 나한테 유익한지도 모르겠고 솔직히 얘기하면 읽는 것 자체가 고통스러웠어요. 물론 그리스 철학이 중요한 역할을 하는 것도 사실이지만 우리가 서구 문화에서 자라지 않아서 그 문화적 배경을 모르기 때문에 이해가 안 되니까 괴로울 뿐이지요. 그런 식으로 독서를 하면 통찰을 못 끌어내니까 도움도 별로 안 됐던 거 같아요. 자신에게 잘 맞는 키 북들을 찾아서 읽는 것이 좋다고 생각해요. 저와 같은 북코치Book Coach와 함께 책을 선정해서 다양한 관점에서 토론을 하는 것도 큰 도움이 되겠지요.

구독자 수가 제일 많은 북튜버는 어떤 분들인가요?

편 앞에서 낭독 북튜버, 리뷰 북튜버가 있다고 말씀해 주셨는데, 지금 구독자 수가 제일 많은 북튜버는 어떤 분들인가요?

책 다양해요. 개인 북튜버도 있지만 기업화하는 분들도 계세요. 여러 명이 동업 형식으로 이미지나 애니메이션, 편집 등을 함께 작업해서 올리는 북튜버도 있다고 들었어요. 출판사에서 직접 운영하는 채널들도 있고요. 제가 알기로 개인 북튜버들 중에는 '책읽기좋은 날'님이 북튜버 최초로 60만 명을 넘어서 구독자 보유 1위이고, 2위인 '책그림'님은 현 시점에서 구독자가 49만 명이에요. '따뜻한 목소리 현준'님은 46.6만 명이 넘는 구독자가 있는데 에세이 낭독을 많이 하세요. 〈책추남TV〉는 구독자 22만 명 정도로 구독자 수나 일 조회 수로는 중간 정도 되는 것 같고, 누적 조회 수로는 4,000만 회에 달해서 상위권에 속하고 있어요.

제 나름대로 북튜버들을 1세대부터 4세대까지 분류해 보는데요. 1세대 북튜버들은 초기에 북튜버 영역을 개척하고 주도적으로 이끌었던 여성 북튜버들이었어요. 말 그대로 어쩌다 북튜버를 시작하게 된 제가 2세대, 이후 3세대의 첫 시작으로 '책한민국'님이 북튜버 역사상 최초로 1년 안에 10만 구독자를 넘었어요. 그리고 기존의 상식을 다 뒤엎는 4세대 북튜버가 등장하죠. '책 읽는 자작나무님'이나 '거북이의 별책부록'님이 대표적인 사례인데요. 정말 급성장한 채널들이에요. 책 읽는 자작나무님은 푸근한 아저씨 같고 클럽 디제이 같은 친근한 멘트, 영상, 음악들을 동시에 다 활용해서 영상의 완성도가 굉장히 높아요. 그래서 음성만으로 하는 제게는 넘사벽 같은 북튜버인 것 같아요. '거북이 별책부록'님도 뛰어난 섬네일 카피와 채널 운영으로 가장 빠른 시간 안에 급성장한 파워 북튜버 중 한 분이세요. 북튜버들은 소개하는 책에 따라서 채널의 색깔이 정해지기 때문에 각자 개성들이 강하지요. 벤치마킹을 잘 활용하는 북튜버도 있어요. 다른 북튜버 채널 중에서 조회 수가 제일 많이 나오는 책들만 모아서 채널을 키우는 분도 있죠.

북튜버들의 영향력이 점점 커져가는 이유가 뭘까요?

📖 북튜버들의 영향력이 점점 커져가는 이유가 무엇일까요?

📘 상대적으로 늦게 시작했지만 앞서 얘기한 '책 읽는 자작나무' 님이나 '따뜻한 목소리 현준'님은 누구나 매력을 느낄 만한 목소리예요. 이분들은 선배(?) 북튜버들을 크게 앞질러 이미 라이징 스타(?) 북튜버로 성장하고 있어요. 여성들의 감성에 잘 맞는 북튜버, 본인이 디지털 마케팅 전문가라서 키워드 조합을 잘하는 북튜버 등 정말 다양해졌죠. 또 북튜브를 통해 책 읽는 것을 좋아하지 않는 분들도 쉽게 책을 접할 수 있도록 돕기 때문에 빠르진 않지만 점점 북튜브 채널들의 영향력이 넓어져 가고 있는 것이 아닐까 추측해 봅니다.

다른 유튜브 분야에 비해 북튜버 분야는
아직 작은 편이죠?

편 다른 유튜브 분야에 비하면 북튜버 분야는 아직 작은 편인가요?

책 현 시점에서 〈원밀리언 댄스 스튜디오1MILLION Dance Studio〉의 구독자는 2,550만, 〈제이플라 뮤직JFla Music〉은 1,760만에 달하고, 게임이나 뷰티, 먹방 채널들은 수백만 구독자인데 반해 가장 큰 북튜버 채널이 60만 정도인 북튜버 분야는 상대적으로 규모가 작죠. 그런데 재미있게도 상대적으로 구독자는 작지만, 북튜브 채널들의 조회 수를 살펴보면 놀랍게도 100만이 넘는 다른 영역의 채널 조회 수에 뒤지지 않아요. 작은 거인들이라고나 할까요?

책이 주는 상징성이 있는 것 같아요. 댄스, 뮤직, 게임, 뷰티, 먹방 이런 쪽이 대세인 건 확실해요. 인간이면 누구나 즐거움을 누리고 싶고 예뻐 보이고 싶어 하니까요. 그런데 북튜버 분야뿐 아니라 출판계는 산업 규모 면에서 영세한 편이에요. 1위 출판사의 매출 규모가 3백억 원 정도로 알고 있는데 요즘 1인 쇼핑몰 한 개의 매출도 안 되는 거죠. 하지만 책이라는 매체가 주는 엄청난 상징성은 분명히 있다고 생각해요. 책 한 권의 값을 평균 15,000원 정도로 치면, 그 값으로 내 인생을 변화시킬 수 있는 상품은 이 세상에 책 말고는 없다고 생각하거든요. 저는 출판업계에서 일하는 분들이 좀 더 강한 자부심을 갖고 북튜버, 작가, 구독자, 독자들과 함께 독서 생태계를 키워나갔으면 좋겠어요.

세계 3대 투자가로 손꼽히는 짐 로저스는 통일 한국에 관한 예측을 반복해서 강조하고 있는데요, 만약 통일 한국이 된다면 출판 시장도 20~30퍼센트는 커지게 되잖아요. 더군다나 BTS가 대표하는 한류의 인기로 전 세계에서 한글에 대한 관심도가 올라가고 있어요. 그래서 짐 로저스가 향후 가장 중요한 언어를 영어, 중국어, 스페인어, 한국어라고 말하고 있을 정도죠. 그는 향후 20~30년 동안 세계에서 가장 핫한 나라는 통일 한국이 될 거라고 예측하고 있어요. 제가 정말 좋아하는 말 중 하나가 "혼자 꾸면 꿈이지만 함께 꾸면 현실이다!"예요. 통일 한국의 시나리오를 준비하며 장기적 비전으로 모두 함께 멋진 독서 생태계를 조성하고 성장시켜 나가면 좋겠습니다.

새로 북튜버가 되는 분들에게도 기회가 충분한 거죠?

편 지금 북튜버를 시작해도 기회가 충분한 거죠?

책 반복적으로 말씀드리게 되는데요. 만약 종착점이 있다면 앞서 3세대에서 끝났어야죠. 이미 메이저 북튜버들이 다 포진하고 있잖아요. 그런데 갑자기 새로운 북튜버들이 혜성처럼 나타나서 완전히 판을 뒤집어버려요. '책 읽는 자작나무'님이 급성장 시기에는 2주 만에 만 명 이상의 구독자를 모은 건 상상도 못한 일이었어요. 동영상 50개 정도 올렸을 때부터 이미 기존의 대형 북튜버들을 넘어서는 조회 수를 기록했거든요. '거북이 별책부록'님도 구독자나 영상의 개수가 적었던 시절부터 조회 수는 이미 대형 북튜버들을 넘어서고 있었고요. 지금도 이런 다크호스 같은 북튜버들이 계속적으로 등장하고 있어요. 이런 사례들을 기반으로 북튜버 분야에서는 선두 주자의 효과가 별로 없다고 판단되어서 기회가 많다고 말씀드리는 거예요.

북튜버로 시작할 때 자본금이 전혀 필요 없나요?

📝 북튜버로 시작할 때 자본금이 전혀 필요 없나요?

📖 필요 없어요. 가지고 있는 핸드폰, 그리고 노트북이나 PC 중에 하나를 갖고 있으면 충분해요. 그런데 이건 현대인이라면 누구나 다 가지고 있잖아요. 가지고 있는 걸로 그냥 하면 돼요.

📝 중간에 그만두어도 위험 부담이 없네요.

📖 무자본 무리스크예요. 망한다고 누가 뭐라고 할 사람도, 손해 날 것도 없어서 경험해 보기엔 너무 좋아요. 제가 지금까지 해보니까 영상의 퀄리티는 생각보다 중요하지 않아요. 기획력과 아이디어 그리고 지속력이 중요하겠지요.

📝 그래도 기본적으로 영상이나 오디오, 자막 등 방송기술을 갖고 있으면 더 편하지 않아요?

📖 물론 컴퓨터나 IT 기술을 잘 활용할 줄 안다면 좋겠지만 제가 컴맹 수준인데도 이 정도 하고 있는 걸 보면 꼭 필수적인지는 모르겠어요. 제가 컴퓨터를 잘 못 다루니 가장 쉽고 빠르고 단순하게 하

는 법을 찾게 되는데 그것이 오히려 장점이 되고 있다고 말씀드렸죠?

📖 작가님 유튜브는 주 몇 회 올라가나요?

📕 저는 매일 업로드해요. 목요일은 라이브도 하고 숏츠도 종종 하죠. 기본적으로 1일 1업로드 이상 올라가요.

📖 1일 1업로드로 정하신 이유가 있나요?

📕 제 강점이 단순하고 빠르게 제작할 수 있는 거니까 화려한 영상미 대신 양으로 승부를 보는 측면이 있지요. 저도 매일 책을 읽으면서 독서 명상을 할 수 있고요. 3분짜리 애니메이션 활용 영상을 만들려면 여덟 시간 정도 걸린다고 들었어요. 그런데 저는 여덟 시간이면 한 시간에 세 개를 만들 수 있으니까 총 24개의 영상을 만들 수 있어요. 이렇게 시간이 절약되는 만큼 매일 올릴 수 있는 거죠.

📖 다른 유명한 북튜버들은 보통 얼마나 자주 올리나요?

📕 저처럼 매일 하는 북튜버들도 가끔 있는 거 같지만 대부분은 2~3일에 1회 정도 업로드하는 것 같아요.

저작권 해결은 어떻게 하나요?

편 저작권 해결은 어떻게 하나요?

책 유튜브가 주요 마케팅 플랫폼이 되면서 출판사들도 북튜버들이 책을 소개해 주는 게 이익이 된다는 것을 점점 인식하는 것 같아요. 제가 책 추천을 해서 수천만 원 이상의 수익을 낸 출판사들도 있어요. 대표님이 직접 찾아오셔서 고맙다는 말씀을 전해주기도 하셨죠. 북튜버가 책 한 권을 소개해서 그 출판사의 책이 몇 천 권 팔리면 너무 좋은 일이지요. 좋은 독서문화가 확산되는 거잖아요. 그래서 출판계에서도 북튜버에 대한 인식이 서서히 전환되고 있어요. 점점 북튜버들의 영향력이 커지고 있다는 걸 인정하게 된 거죠. 처음엔 출판사에 연락을 하면 딱딱하게 대했던 것 같은데, 요즘은 국면이 바뀌어서 연락도 많이 주시고 직접 찾아오시는 경우도 종종 있어요. 북튜버들에게 책을 백 퍼센트 오픈하는 출판사도 있고요. 사실 출판사에서 책을 백 퍼센트 오픈해도 상관없는 게 북튜버가 지쳐서 다 읽지도 못하거든요. 10~20퍼센트 낭독하는 데 한 시간 정도 걸리기 때문에 전문 성우가 아닌 이상 지쳐서 긴 시간 영상을 올리기 어려워요. 더군다나 같은 책의 콘텐츠로 동영상을 만들면 갈수록 조회 수가 현저하게 떨어져서 같은 책을 연속적으로 업로드하기 어려운 구조예요.

저는 북튜버와 출판사, 구독자, 독자, 작가까지 모두 다 함께 서로 좋은 영향을 주고받을 수 있다고 믿어요. 그래서 다른 북튜버들과 함께 '북튜버 & 출판사 저작권 가이드라인 표준화 프로젝트'를 진행하고 있어요. 출판사 입장에서는 마케팅 비용을 전혀 투자하지 않아도 되거나 절감할 수 있는 타깃 마케팅이 가능하고, 북튜버 입장에서는 저작권에서 안전한 콘텐츠를 제작할 수 있어요. 참여하는 출판사들이 점점 많아지고 있고요. 프로젝트에 참여한 출판사들의 명단과 도서 명단 오픈 퍼센트를 네이버 카페 '우리는 북튜버다 cafe.naver.com/booktuberclub'에 공지해 드려요. 공지된 책들만 1년 내내 낭독해도 다 못하실 거예요.

저 같은 경우는 가치 있는 좋은 책들을 널리 알리고 싶은 마음이 커요. 가치 있는 한 권의 책 소장이 우리의 출판문화, 독서문화, 더 나아가 정신문명을 바꾸는 나비 효과가 될 수 있으니까요. 저는 이것을 앞서 말했듯이 책추남 나비 효과라고 부른답니다. 사실 대형 출판사라고 꼭 좋은 책을 출판하는 것도 아니고 소형 출판사라고 질 낮은 책을 출판하는 것도 아니잖아요? 제가 추천하는 책들을 난생처음 본다는 분들도 많으시죠.

📖 정말 까다로운 출판사도 있지 않아요?

📕 제가 저작권에 대해 책을 읽으며 연구도 해보고, 변호사 친구들에게 물어도 본 결론은 저작권도 '코에 걸면 코걸이, 귀에 걸면 귀걸이'의 경우가 너무 많다는 것이었어요. 규정이 엄격한 출판사의 경우는 출판사로 무조건 연락해야 하고, 읽을 구절이 몇 페이지의 어디인지까지 보고하라는 곳도 있었어요. 사실 제가 책 소개를 해서 수십만 조회 수가 나오는 경우는 몇 천 권의 책이 팔려요. 이에 비해서 제가 유튜브 광고 수익으로 버는 돈은 출판사 이익에 비하면 정말 미미하죠. 오히려 출판사들이 큰 이득을 보는 구조예요. 출판사들도 각자의 사정이 있겠지만, 저는 책의 10~30퍼센트, 한 시간 이내 낭독 정도면 모두 윈윈할 수 있다고 하나의 기준으로 제시해 드리죠. 그리고 앞서 말씀드렸듯이 아무리 많이 오픈해도 북튜버들은 대부분 10퍼센트, 한 시간 이내로 리뷰하거나 책 소개를 해요. 사실 제 생각엔 10퍼센트 오픈이나 30퍼센트 오픈이나 별 차이가 없는 것 같아요. 어쩔 땐 20~30분만 녹음해도 지칠 때가 있거든요. ^^

북튜버 책추남의 일과를 들려주세요

편 북튜버 책추남의 일과를 들려주세요.

책 아침 6시에 일어나서 명상과 북튜브 영상 녹음을 해요. 새벽에 해야 아이가 자고 있어서 조용히 녹음할 수 있거든요. 7시에는 태극권과 PT를 하죠. 그리고 아침 먹고 아이를 등교시켜요. 좀 더 독립적인 경제적 여유를 위해 오전 두 시간은 투자 공부를 하고, 점심 식사 후 간헐적 몰입을 위해 낮잠을 자거나 쉬다가 아름다운 공원의 카페에서 글을 쓰거나 일을 해요. 온오프라인으로 책추남 독서 토론 클럽인 북살롱도 진행하고 여러 미팅들을 가져요. 귀가하면 아이와 함께 보드게임을 해요. 밤엔 책을 읽어주면서 재우죠. 주말엔 책추남 온라인 북코칭이나 다양한 책추남 오프라인 북살롱들이 진행되어서 오히려 평일보다 더 바쁜 편이고요.

편 일과 중에서 특별히 신경 쓰는 부분이 있나요?

책 제가 하고 싶은 일을 원하는 시간에 하고 싶은 만큼 할 수 있어서 크게 신경 쓰이는 부분은 없어요. 일이 점점 더 많아져서 함께 할 수 있는 스텝들이 있으면 좋겠다는 생각을 요즘 하기 시작했어요.

📕 가장 만족스러운 날은 어떤 날이고, 불만족스러운 날은 어떤 날인가요?

📗 제가 말씀드렸던 성공의 정의대로 '내가 될 수 있는 최선의 존재가 되기 위해 최선을 다했다는 사실을 스스로가 아는 데서 오는 충만감'을 느낄 수 있는 날이 제일 만족스럽겠지요? 불만족스럽다는 그 반대일 것이고요. 제가 가치 있게 여기는 일들에 온전히 몰입한 날이 만족스러워요.

특별히 기억에 남는 책이나 출판사, 구독자가 있을까요?

편 특별히 기억에 남는 책이나 출판사, 구독자가 있을까요?

책 〈책추남TV〉에서 구독자들과 함께 살려낸 첫 책은 『힐링 라이프-1700년간 잠들어 있던 잃어버린 기도의 비밀』이라는 책이었어요. 한 달에 한 번씩 '책추남 정모'를 하는데, 책추남 1회 정모부터 함께했고 이후 〈미라클 리딩〉 채널을 운영하는 북튜버가 된 '크리스탈'님께서 그 책의 출판사 대표님을 모셔 오셨어요. 함께 정모에서 대화를 나누다가 '크리스탈'님이 갑자기 "저희가 같이 할게요. 책 내 주세요."라고 이야기가 되어서 구독자들과 함께 제목이랑 카피까지 투표로 아이디어를 모아 출판사 대표님께 제안하여 재출간했어요. 〈책추남TV〉의 구독자가 만 명 정도 되었을 때였는데, 영상 업로드 후 2주 만에 분야 1위로 올라갔고 전체 베스트셀러 순위에 올라가다가 출판사에서 판권과 관련된 문제가 생겨서 아쉽게 한 달 만에 절판이 되었죠. 책은 일반적인 모든 종교를 관통하는 기도에 대한 내용인데, '1700년 동안 숨겨진 절대 기도의 비밀-당신의 느낌이 당신의 기도다.'라는 제목과 카피로 결정되었었죠. "혼자 꾸면 꿈이지만 함께 꾸면 현실이다."라는 말처럼 책추남 구독자

• '여기가 끝이 아니다' 재출간 기념 책추남 북 콘서트

들과 함께 현실화한 첫 번째 책이어서 기억에 많이 남네요. 그 뒤에 다시 김영사 출판사에서 『잃어버린 기도의 비밀』이란 제목으로 재출간했는데, 김영사 편집팀에서 〈책추남TV〉에 소개를 부탁하셨고 책에 관한 팬심으로 동영상을 업로드했더니 분야 2위까지는 다시 올라가기도 했어요.

　『여기가 끝이 아니다』라는 절판 도서는 〈책추남TV〉에서 구독자들과 시작한 '〈책추남TV〉 좋은 책 살리기' 프로젝트의 첫 책이었는데요. 북펀딩 금액을 빨리 갚으려고 네이버 스마트 스토어에서 같이 판매하는 바람에 1위까지는 못 올라갔어요. 왜냐하면 온라인 서점보다 스마트 스토어에서 더 많이 팔렸거든요. 그래도 분야 2위까지 했어요. 그 이후로 재출간된 『어포메이션』, 『머니 테라피』도 베스트셀러가 되었고, 제가 가장 좋아하는 저자로 손꼽는 사이토 히토리 씨의 절판 도서인 『괜찮아, 다 잘되고 있으니까』, 『1퍼센트 부자의 법칙』도 재출간 준비 중이어서 참 감사해요. 이렇게 채널 구독자들과 함께 좋은 책들을 다시 살려내고 널리 알릴 수 있고 책추남 나비 효과를 일으키니까 의미가 있죠.

책추남 오프라인 북살롱에 꾸준히 참여하시다가 지금은 괌으로 이민 가신 동채님은 책추남 NAVI 스쿨 카카오 오픈 채팅방의 방장이자, '토요 온라인 북코칭'에 꾸준히 참여하고 계시는데요, 탁월한 감각의 소유자이자 정신적으로 성숙한 분이셔서 많은 분들이 동채님의 선한 영향력을 받고 계세요.

책추남 구독자 수님은 뉴욕에서 일하시는 패션디자이너인데요, 책추남 NAVI 스쿨 로고, 채널 아트, 섬네일 디자인까지 선물해 주셨어요. 또 책추남 만권 도서 중에서 백 권을 선별하고, 백 권의 책에서 다시 백 구절을 엑기스로 뽑아서 기획한 특별한 책이 『미라클 인사이트』인데요. 삶에 당면한 문제나 통찰이 필요할 때 칼 융

• 책추남 나비 스쿨 로고

의 동시성 이론에 기반해서 북타로 형식으로 관련 구절을 뽑아 볼 수 있고, 선택한 구절과 관련된 〈책추남TV〉 영상을 QR 코드를 통해 바로 연동해서 들을 수 있도록 재미있게 기획한 책이에요. 수님이 『미라클 인사이트』 내용을 카드로 만든 '미라클 인사이트 카드' 백 장의 디자인과 클라우드 펀딩 기획 디자인을 바쁘신 와중에 모두 작업해 주셨어요. 정말 감사할 뿐이죠.

책추남 NAVI 스쿨 네이버 카페 스텝으로 활동하시는 티엔콩 님도 탁월한 업무 처리 능력과 주도적 행동력으로 많이 도와주고 계셔요. 무엇보다도 책임감과 성실함을 바탕으로 스스로 크게 성장해 나가고 있는 모습이 참 보기가 좋지요. 이외에도 다 말씀드리지 못하지만 고마운 책추남 구독자들이 많으세요. 이 자리를 빌려 다시 한번 감사의 마음을 전하고 싶어요.

책추남이 소개해 드리는 좋은 책들을 통해서 구독자들이 마음에서 해결되지 않는 이슈들을 많이 해소하시는 것 같아요. 참 감사한 일이지요. 여기에서 중요한 건 책이 무언가를 직접적으로 해결하기보다는 하나의 수단이라는 거예요. 〈책추남TV〉에서 추천하는 책들에 담겨있는 지혜와 구독자들의 고민이 만나는 거죠. 궁극적으로 제일 중요한 이슈는 '나는 누구인가?'라는 질문이라고 생각해요. 그 질문에 스스로 답을 하게 되면서 마음이 회복되니까 자신이 고민했던 이슈들이 마음속에서 저절로 해결되는 것 같아요.

책추남 구독자들의 정기 모임은
어떻게 구성되어 있나요?

편 책추남 구독자들의 정기 모임은 어떻게 구성되어 있나요?

책 이렇게 학년제로 운영해요.

학년 구분	프로그램
예비 신입생	책추남 네이버 카페 참여
1학년	한 달에 한 번 열리는 책추남 정모 매주 토요일 열리는 책추남 온라인 북코칭
2학년	1 DAY 북코칭 게임풀씽킹 코칭 책추남 책 처방 북코칭 책추남처럼 북튜버 되기
3학년	**북살롱** - BASIC 북살롱, 무지개 북살롱, CEO 북살롱, 하버드 협상 북살롱, 머니 북살롱, 템플턴 투자 북살롱, 책추남 메신저 코칭 스쿨 **청소년 NAVI 영재 스쿨** - 청소년 MONEY 영재 스쿨, 네잎클로버 청소년 창의인성 영재 스쿨, 버핏 청소년 투자 영재 스쿨 등
4학년	라이프 체인저 코칭 NAVI 퍼스널 브랜드 전략 코칭 행운 사용법 코칭
마스터 마인드 그룹	3학년 이상 멤버들이 지속적으로 함께 모여 서로의 성장을 돕는 커뮤니티

* 학년제: 1~3학년까지는 순서 없이 바로 선택할 수 있습니다. 단, 4학년은 3학년을 거친 후에 진학 가능합니다.

편 북튜버 채널 하나로 이렇게 자신의 세계를 펼치고 나와 생각이 비슷한 세계 각지의 사람들과 교류할 수 있네요.

책 네. 미국이나 프랑스, 일본, 뉴질랜드, 폴란드에서 수업을 듣기도 하고 직접 정모로 찾아오기도 하세요. 플랫폼을 갖고 있으니까 귀한 사람들과 기회들이 찾아오는 거죠.

편 북튜버 수익이 궁금해요.

책 많이 궁금하시죠? 그런데 제게 물어보실 필요 없이 직접 확인하실 수 있어요. 예를 들면 녹스인플루언서NoxInfluencer 등 크리에이터들의 광고를 수주하기 위해서 만든 플랫폼이 있어요. 그 플랫폼에서 관심 있는 채널 이름을 입력하면 추정 수익이 다 나와요. 사실 수익이 딱 얼마라고 얘기하기는 어려워요. 매달 변하거든요. 유튜브 광고 수익만 있는 게 아니라 이를 기반으로 한 수익 모델은 다양한 편이에요. 제 경우만 해도 다양한 콘텐츠로 여러 수익 채널을 열어가고 있어서 딱 하나로 해서 얼마라고 말씀드리는 건 무리예요. 그래도 궁금해하시니 객관적인 자료들을 참조해서 말씀드려보도록 할까요?

1인 미디어 콘텐츠 크리에이터 250명을 대상으로 설문조사와 심층 면접을 진행했을 때, (출처: 미래의 직업 프리랜서 보고서, 한국노동연구원, 한국문화관광연구원, 2019.08) 전업 크리에이터 60명의 월평균 소득은 536만 원이었지만 최고 소득이 5천만 만 원, 최저 소득이 5만 원으로 절반 이상 월평균 소득은 150만 원으로 밝혀졌다. (출처: 곽창렬, "상위 1% 유튜버, 연간 6, 7억 벌어… 절반은 108만 원" 소득 격차 '뚜렷', 조선비즈, 2021.02.14.)

2020년 광고 수익이 월 700만 원 이상 발생한 것으로 추정되는 구독자 10만 명 이상의 채널은 3,829개라고 한다. 10만 명 이상의 구독자를 지닌 크리에이터들의 수입이 월 700만 원이 안 되는 경우도 많다는 점을 생각하니 이 또한 정확한 수익이라고 보기는 어렵다. (출처: 김주완, [단독] 광고로 돈 버는 韓 유튜버 5만 명… 月 700만 원 이상은 6.8% 그쳐, 한국경제, 2020.08.11)

제가 만나본 10만 이상 구독자를 보유한 채널 북튜버들은 유튜브 광고 수익의 측면에서 본다면 위에서 제시한 정도에는 못 미치는 것 같아요. 물론 수익이 더 큰 분도 있고 작은 분도 있긴 한데, 요즘 입을 모아 하는 말을 들어보면 유튜브 수익이 점점 감소하고 있는 추세인 것 같아요. 하지만 말씀드렸듯이 유튜브 플랫폼 기반으로 파생될 수 있는 다른 수익 모델들이 있어서 단순한 측정은 어려워요. 어떤 북튜버는 구독자가 만 명 정도 되는데, 월 수익이 2천만 원이 넘는다고 들었어요. 그걸 기반으로 여러 가지 수익 파이프라인을 30개 이상 개발해 놓으셨다고 해요. 한때 유명했던 북튜버한 분은 월 2억 원 이상의 수익을 내기도 했다고 들었고요. 반면에수익이 미미한 북튜버들도 많아서 일반화하기는 어려워요.

• 실버버튼 축하 케익

북튜버를 하면서 어떤 고비가 있었나요?

🔲 북튜버를 하면서 어떤 고비가 있었나요?

🔲 보통의 경우 유명해지고 싶다든가 돈을 벌고 싶다는 외적 동기로 시작하면 유튜브 수익창출의 기본 요건인 천 명의 구독자와 4천 시간에 도달하는 과정을 견디기 어려워요. 앞서 말씀드렸듯이 북튜브라는 카테고리가 작기도 하고, 콘텐츠 특성상 다른 분야에 비해 소위 떡상 영상이 나오기가 어려운 구조이기 때문에 대부분은 꾸준하고 성실하게 자신의 매력을 쌓아나가야 하는데, 이 과정이 정말 거북이 걸음처럼 느린 거죠. 그런데 빨리빨리 뭔가를 얻고 싶은 조급한 마음으로 시작하면 쉽게 실망하고 지쳐서 포기하게 되는 경우가 많은 것 같아요.

남이 봐주던 안 봐주던 책이 좋아서, 또 내 가족에게 유산으로 남겨주기 위해서, 정말 좋은 책들을 소개하고 싶어서, 더 나은 세상을 만드는데 기여하고 싶어서 등과 같은 내적 동기가 충만할 때 지속 가능한 것 같아요. 그래서 저는 특별한 슬럼프는 없었던 것 같아요. 책 읽기는 원래 해오던 일이었고, 북튜브 영상 만드는 시간도 20여 분 정도로 짧아서 슬럼프를 느낄 틈이 없어요.^^ 몇 달 전에 좀 지루하다는 생각을 했다가 퍼뜩 '내가 좋아하는 일을, 내가 좋아하는 시간에, 내가 하고 싶은 대로 하는 것이 얼마나 축복된 일인가?' 하는 생각이 들어 순간 정신을 차렸죠.

북튜버들의 모임이나 협회 등이 있나요?

편 북튜버들의 모임이나 협회 등이 있나요?

책 저도 처음에 시작할 때는 저작권 때문에 고민을 많이 했어요. 그 당시에는 북튜버들이 많지 않았기 때문에 이 부분을 물어봐도 다들 답을 안 해주는 거예요. 그런데 친절하게 답을 해주신 분이 〈IAM명상〉이라는 채널을 운영하시는 '코코'님이셨어요. 2018년 12월 추운 겨울에 경복궁역 근처에서 만났는데, 북극곰 같은 하얗고 큰 점퍼를 입은 한 여성이 저에게 달려오더니 갑자기 하이파이브를 하는 거예요. 저도 얼떨결에 하이파이브를 하게 되었죠.^^ 그렇게 첫 만남이 시작됐고, 북튜버들끼리 모이면 재미있을 것 같아서 저, '코코'님, 〈낭독힐러〉 'Yuna'님, '책선비'님 이렇게 네 명이 모였어요. 숙대 역 근처 분식집에서 점심을 먹고 그 당시 제가 개발하고 있던 퍼스널 브랜딩 보드게임 '마이 브랜드MY BRAND'의 프로토타입 게임을 하면서 놀다가 "우리 같이 뭐 해보면 재미있겠어요."라고 시작한 것이 '우리는 북튜버다' 커뮤니티예요. 북튜버, 구독자들, 독자들, 작가들, 책을 사랑하는 사람들, 출판 관계자들 다와도 좋을 것 같아서 함께 모여 즐겁게 성장해 보자는 콘셉트로 만

• 우리는 북튜버다 정모

들어본 거죠. 네 명이 모였던 모임인 '우리는 북튜버다' 기획단에 '코코'님, Yuna'님, '미라클 리딩'님, '네코'님, '그녀의 북카페'님, '책한민국'님, '돈을 읽는 독서'님, '책 읽어주는 아내'님, '사월이네 아빠'님 등이 합류해서 성장하고 있고, 어느새 '우리는 북튜버다' 네이버 커뮤니티는 천 명 가까이, 카카오톡 오픈 채팅방은 330명 이상 성장했어요. 그렇게 함께 모여 '우리는 북튜버다' 정모를 하기 시작했죠. 우리에게 잘 알려진 〈X-파일〉의 스컬리, 〈롤러코스터 남

녀탐구생활〉, 〈생로병사의 비밀〉 외에도 한 번 들으면 '아, 그 목소리!' 하고 바로 알아차릴 만한 베테랑 성우인 KBS 서혜정 성우님, '책한민국'님, '책 읽는 다락방 J'님, '써니즈'님, 〈시한책방〉 채널의 이시한 작가님, 『게으르지만 콘텐츠로 돈은 잘 법니다』 저자 신태순 작가님 등 책과 관련된 다양한 분야의 전문가들과 북튜버들을 초청해서 특강도 듣고, 토론도 하고, 서로의 노하우도 나누고, 맛집도 가고, 청소년 북튜버 양성 재능기부도 하며 즐겁게 모여 함께 성장하고 있어요.

궁금하신 분들은 네이버 카페를 참조하시면 된답니다.

'우리는 북튜버다' 네이버 카페 cafe.naver.com/booktuberclub

독서 말고 다른 취미는 어떤 게 있나요?

편 혹시 다른 취미는 어떤 게 있나요?

책 보드게임, 태극권, 맨발 산책이 취미예요. 보드게임은 실제 손으로 만지면서 사람들과 즐겁게 어울릴 수 있는 좋은 도구라고 생각해요. 어린 딸아이와 같이 놀아줄 때, 책추남 NAVI 스쿨에서 독서 모임을 할 때 보드게임을 자주 해요. 이번에 출시된 퍼스널 브랜딩 보드 게임인 '마이 브랜드'를 개발할 때는 몰랐는데 여러분들과 게임을 해보는 과정에서 다양한 자신의 모습을 재조명하며 위로와 격려를 받고, 새로운 자신을 만나며 감동하고 눈물까지 흘리는 모습들을 보면서 참 의미 있는 작업이었구나 하고 느꼈어요. 공자, 아인슈타인, 닐스 보어, 헤르만 헤세, 칼 융이 사랑했다는 '주역周易'을 주제로 한 주역 보드 게임도 곧 출시될 예정이에요. 말하다 보니 보드 게임을 하는 것도 만드는 것도 둘 다 좋아하는 것 같네요. 태극권은 유학 준비 시절 스트레스를 다스리기 위해서 시작했는데, 그 뒤로 꾸준히 해오고 있어요. 저는 가만히 앉아서 호흡만 하는 명상법은 좀 지루한 것 같아서 찾은 대안이었어요. 맨발 산책은 『어싱Earthing』이라는 책을 통해서 알게 됐어요. 이 책이 한국에

처음 나왔을 때, 표지도 별로였고 어싱 제품과 연결해서 소개되다 보니 마케팅에 낚이는 것 같아 관심이 안 갔어요. 그런데 얼마 전에 책추남 4학년 과정인 '라이프 체인저 코칭Life Changer Coaching'에 참여 중인 미국의 치과 의사 크리스틴님께서 카카오톡으로 뜬금없이 『어싱』을 읽어봤냐고 물으셔서 뒤늦게 읽어봤더니, 건강의 진실과 지혜에 대해 많은 내용이 담겨 있었어요. 그래서 당장 맨발 산책을 시작했죠. 제가 주로 독서하고 일하는 근처 공원의 잔디밭을 맨발이나 어싱 양말을 신고 걷는데, 아마 사람들은 저 사람 뭐하나 싶을 거예요.^^ 『어싱』을 〈책추남TV〉를 통해 소개했는데 반응이 뜨거웠어요. 미국, 괌, 일본 등 세계 각지에서 일반인뿐만 아니라 책추남 NAVI 스쿨 3학년 과정인 북살롱에 참여 중인 의사, 수의사 등 의학 관련 전문가들이 직접 어싱을 실험하고 경험해 보고 그 효과가 탁월했다는 피드백을 받았어요. 저희 아버지의 경우 50년 된 이명이 사라지는 작은 기적을 경험하기도 하셨고요. 이렇게 어싱에 대한 지식과 정보가 전 세계로 순식간에 퍼져나가는 것을 보며 제가 인플루언서구나라는 사실을 처음 자각(?)하고 아내랑 같이 신기하다 생각했네요.

북튜버로서 어떤 고민을 하시나요?

편 북튜버로서 어떤 고민을 하시나요?

책 북튜버로서 고민한다기보다는 메신저로서 메시지를 효과적으로 전달하기 위한 채널 확장을 놓고 고민해요. 『백만장자 메신저』는 1인 기업가 분야의 전설적인 책인데요. 이 책에서도 다양한 수익 파이프라인에 관해서 이야기를 해요. 그래서 어떻게 원 소스 멀티 유즈를 할 수 있는 다양한 수익 채널을 개발해 나갈까를 고민하고 있습니다. 그리고 '유튜브 다음의 플랫폼이 무엇일까?'라는 화두로 고민합니다. 메타버스가 지금 계속 언급이 되고 있어서 '책추남 행운 사용법 낭독회', '메타버스 윤동주 가을 시 낭독회', '메타버스 내 영혼을 일깨우는 시 읽기', '책추남 정모' 등을 메타버스 플랫폼에서 시범적으로 진행했고, '메타버스 1분 책추남' 유튜브 쇼츠 코너도 시도해 보고 있어요. '메타버스 윤동주 가을 시 낭독회'는 메타버스의 오로라가 너울거리는 별빛 캠핑장에 모여 모닥불을 불멍하며 함께 진행했죠. 그 낭만적인 공간에서 실시간 가야금 연주와 노래, 윤동주의 시 낭송이 이루어졌어요. 일곱 살이었던 딸아이 책추녀의 '반짝반짝 작은 별' 칼림바 연주도 있었고요. 마지막에

• 책추남TV 메타버스 윤동주 시 낭독회

는 광란의 댄스파티로 마무리했어요. 춤을 못 춰도 버튼만 누르면 되니까 댄스파티가 되더라고요. 메시지를 전달하기 위한 새로운 플랫폼에 관한 연구, 새로운 수익 파이프라인에 관한 연구, 의미 있는 영향력 등에 대해 고민해요. 제가 좋아하는 일을 하면서 다른 분께도 도움이 되니까 금상첨화죠.

북튜버의 직업병은 뭔가요?

편 북튜버의 직업병은 뭔가요?

책 저는 사실 잘 모르겠지만 추측해 보면, 자신이 좋아하는 책이 아닌 업로드를 위한 의무적인 책으로 하게 될 때는 책을 읽는 즐거움을 잃거나 독서가 압박감이 될 수 있지 않을까 해요. 독서가 즐거움이 아닌 일로 보이기 때문에 부담을 느낄 수 있을 것 같아요. 말씀드렸듯이 저는 책은 원래 읽던 것이고, 업로드 시간도 짧고, 제가 추천하고 싶은 책으로 하니까 따로 직업병은 없는 것 같아요.

편 구독자들이랑 어떻게 소통하세요?

책 정기 모임, 목요일 라이브 방송, 메타버스 번개 등을 진행해요. 기본적으로 '책추남 북살롱'이 진행되니까 오프에서 정기적으로 만나서 독서 토론도 하고, 맛집도 가고, 같이 놀러 가기도 해요. 북살롱에 참여한 분들을 위해서는 마스터 마인드 그룹을 계속 형성해 드려요. 북살롱이 끝나고도 평생 같이 갈 수 있는 소그룹을 론칭해 주는 거죠. 그러면 그룹별로 지속적으로 한 주나 한 달에 한 번씩 만나고, 저도 가끔 거기로 놀러 가거나 직접 참여하기도 해요.

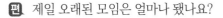

• BASIC 북살롱

편 제일 오래된 모임은 얼마나 됐나요?

책 2018년 '책추남 북살롱' 1기부터 했던 분들이 '마마인(마스터
마인드 그룹 사람들의 약자)'이라는 이름으로 지금도 계속 모이고
있어요. 또 'SMartist 코코칭 그룹'이라는 CEO 마스터 마인드 그룹
이 있어요. CEO들과 제가 일주일에 한 번씩 만나서 각자의 일주일
에 대해 성찰하고, 다음 주에 어떤 미션이나 고민하는 사업의 이슈

들을 나누면 멤버들이 자신의 지식이나 경험, 지혜, 책 소개, 인맥 등을 소개해 주면서 함께 이슈들을 풀어나가고 성장해 나가죠. 한 달에 세 번은 온라인으로 한 번은 오프에서 만나는데요, 오프 모임으로 만날 때는 사업 이슈를 한 사람이 발표하면 "내가 만약 그 입장이라면 이렇게 하겠습니다."하며 집단지성으로 함께 아이디어를 나눕니다. 그 성과는 말하지 않아도 짐작이 되시겠죠? 이렇게 책추남 NAVI 스쿨에 참여했던 멤버들이 함께 모여서 자체적으로 책을 선정하고, 삶에 대해서 성찰하고 나누면서 본인들만의 시스템으로 그룹별로 개성 있게 발전시켜 나가고 계세요.

이 직업의 최고 매력은 뭘까요?

편 이 직업의 최고 매력은 뭘까요?

책 내가 주도권을 가질 수 있다는 게 최고의 장점이죠. 내가 가장 좋아하고 잘하는 일을 내가 원하는 시간에 할 수 있어요. 여행을 가면 여행지에 책을 들고 가서 녹음하고 영상을 올리면 되고, 오늘같이 일정이 빠듯한 날에는 버스나 지하철을 타고 가면서 유튜브 영상을 업로드할 수도 있어요. 경제적인 면에 있어서도 도움이 되고, 삶의 질을 확실히 향상시켜 주는 직업이에요. 내가 플랫폼이 돼서 내가 주도권을 가지고 내가 원하는 때에 내가 원하는 가치관을 추구하고 지키며 원하는 이야기를 할 수 있는 멋진 일이지요.

앞서 말씀드렸듯이 제 직업은 북튜버라기보다는 메신저로서 1/N잡 중 하나가 북튜버인 거고요. 다양한 채널들로 '진짜 나다운 삶의 기쁨과 즐거움'에 관한 메시지를 전하고, 제가 가진 지식과 경험과 지혜를 나눔으로써 다른 이들의 행복한 성공을 도움과 동시에 자신 또한 경제적 여유를 확보할 수 있는 데다가 다양한 만남을 누릴 수 있으니 정말 멋지지 않나요? 그래서 저처럼 메신저가 되고 싶다는 분들의 요청에 따라 '책추남 메신저 코칭 스쿨'도 시작하게

• 책추남 1회 정모

되었어요. 이렇게 책추남 NAVI 스쿨은 구독자들의 요청이 있을 때 새로운 프로그램들을 열어가고 있어요. 책추남 첫 정모도 구독자들의 요청으로 시작되었죠. 제가 큰 인플루언서는 아니지만 제 깜냥 안에서 그동안 경험하고 알게 된 것들을 나눠가고 있습니다.

북 튜버의 최고 매력은 내가 주도권을 가질 수 있다는 거예요.
내가 좋아하고 잘하는 일을 원하는 시간에 할 수 있어요.

"I am the Pltform."
내가 바로 플랫폼이다

플랫폼이란 뭔가요?

🔲 플랫폼이란 뭔가요?

🔲 네이버 지식백과를 찾아볼까요?

'플랫폼' 하면 기차를 타고 내리는 정거장이 먼저 떠오른다(플랫폼전문가그룹, 2013). 그렇다. 플랫폼은 한마디로 무언가를 타고 내리는 승강장이다(류한석, 2012). 본래 기차를 승·하차하는 공간이나 강사, 음악 지휘자, 선수 등이 사용하는 무대·강단 등을 뜻했으나 그 의미가 확대되어 특정 장치나 시스템 등에서 이를 구성하는 기초가 되는 틀 또는 골격을 지칭하는 용어로, 컴퓨터 시스템·자동차 등 다양한 분야에서 사용되고 있다.

출처: [네이버 지식백과] 플랫폼(플랫폼이란 무엇인가, 2014.04.15, 노규성)

유튜브도 플랫폼이고 네이버도 플랫폼이죠. 책추남도 유튜브 안의 독서 콘텐츠 플랫폼이고요. 구글, 네이버도 인터넷을 하는 사람들이면 누구나 쉽게 접속할 수 있는 플랫폼이니까 힘이 막강해요. 그래서 점점 플랫폼의 가치가 높아져 가는 거죠. 요즘은 카카오톡을 누구나 사용하고 있어요. 아이들도 삼성전자보다 카카오 캐

릭터에 열광하고요. 2010년 전후에 등장한 카카오톡은 국민 플랫폼으로 자리 잡아 광범위한 영역의 플랫폼으로 자리 잡았죠. 메타버스라는 플랫폼을 선점하려고 거대 기업들이 각축을 벌이고 있는 상황이고요.

플랫폼이 어떻게 변할까요?

편 플랫폼이 어떻게 변할까요?

책 제가 보기에 메타버스가 중요한 플랫폼으로 등장할 수밖에 없는 한 가지 이유는 메타버스라는 디지털 공간에서 가상현실이나 증강현실을 이용해서 요즘 유행하는 단어로는 부캐, 즉 '새로운 나'를 손쉽게 경험할 수 있기 때문이라고 생각합니다. 현실 세계에서 만족하지 못하는 것들을 메타버스 세계에서 '새로운 나'를 아바타로 만들어 저렴한 비용과 적은 위험으로 경험해 볼 수 있는 거죠. 사실 이 부분은 이미 리니지 같은 게임의 성공을 통해서 검증되었다고 볼 수 있어요.

제가 경영대학원 재학 당시 '온라인 게임'을 주제로 한 수업이 있었는데요, 수업 때 알게 된 세컨드 라이프라는 메타버스 플랫폼이 있어요. 지구를 디지털 세계에 똑같이 구현해 놨는데 그때 제 아바타로 선택한 것이 남미 남자, 산티아고였어요. 제일 먼저 마음껏 춤춰보고 싶은 마음에 디스코장을 찾아갔죠. 사실 전 춤을 정말 못 추거든요. 현실에서였다면 일어나기 힘든 일이지요. 이렇게 현실의 나와는 다른 모습으로 내 안의 숨겨진 욕구들을 자유롭게 만족시키며 현실과 다른 세계를 경험해 볼 수 있다는 점이 큰 매력으로 다가왔죠.

편 메타버스는 최근에 나온 건가요?

책 아니요. 세컨드 라이프는 2000년대 초반에 나왔어요. 메타버스Metaverse의 뜻은 초월Meta 버스Verse, 그러니까 디지털 세상을 의미해요. 세컨드 라이프가 생각보다 성공을 하진 못했는데, 최근에 여러 기술력이 비약적으로 발전하면서 제대로 작동하는 메타버스가 구현되기 시작한 거예요. 2000년대 초반에는 아무래도 기술력이 부족했고요. 이제 때를 만난 거죠. 그래서 요즘 NFT대체 불가능 토큰, Non-Fungible Token가 핫한 이슈가 된 이유기도 하고요.

편 구글, 유튜브, 포털에서 메타버스로 넘어가겠네요?

책 제가 전문가가 아니라서 정확히 말씀드리기는 어렵네요. 하지만 아무래도 가능성이 크다고 볼 수 있겠죠? 구글이나 유튜브가 새로운 메타버스 플랫폼으로 발전해 갈 가능성도 있고요. 이미 페이스북은 사명을 '메타Meta'로 변경했을 정도니까 얼마나 메타버스에 주력하고 있는지 짐작할 수 있어요. 앞서 말씀드렸듯이 메타버스에 들어가면 내가 현실에서 하지 못했던 경험들을 할 수 있는 기회들이 열리게 되거든요. 예를 들어 학교생활에서 어려움을 겪었던 친구가 있어서 제가 도움을 준 적이 있는데요. 그때 제가 대학원에서 석사 논문을 쓰기 위해 한국의 대표적인 다중접속역할수행게임 MMORPG의 신화인 리니지와 한국의 대표적인 문화상품인 난타를 분석하고 있었어요. 저는 논문을 쓰기 전까지는 리니지를 해본 적이 없었거든요. 그런데 그 친구가 리니지 게임의 고수였어요. 그래서 한 수 가르쳐달라고 부탁해서 리니지라는 세계에 접속하자 현실 세계와는 반대로 그 친구가 저를 이끌어주기 시작했어요. 저는 리니지 세계에 대해서 아는 게 없으니까 그 친구의 아바타를 졸졸 따라다녔죠. 현실 세계와 리니지 세계에서의 주도권이 순식간에 바뀌는 것을 경험한 거죠. 이렇게 메타버스의 세계에서는 현실 세계에서와는 다른 지위와 권한이 주어질 수 있어요. 따라서 현실 세계의 제한된 인간의 욕구와 욕망들이 메타버스 세계에서 VR과 결합되어 다양한 방식과 저비용으로 만족될 수 있다면 어떤 일이 벌어질까요? 그래서 저는 인간의 욕망이 메타버스라는 디지털 세계로 향할 수밖에 없다고 생각해요. 1990년대에 인터넷이 등장했을 때의 파급력 이상이 될 수도 있을 것 같아요. 그러니까 지금부터 메타버스 세계도 알아가야죠.

편 기존의 플랫폼들은 어떻게 될까요?

책 기존의 플랫폼들이 어떤 모습으로라도 남아있긴 하겠지만 메타버스나 가상현실 세계로 진화해 나갈 거라고 생각해요. 앞서 말씀드렸듯이 페이스북이 사명까지 바꾸면서 메타버스 플랫폼으로 전력을 기울이고 있는 상황이고, 오클러스라는 기기를 통해 가상현실Virtual Reality 세계를 선도적으로 준비하고 있어요. 이미 거대 기업들의 메타버스 플랫폼 전쟁이 본격적으로 시작된 거죠.

유튜브라는 플랫폼은 어떻게 전망하세요?

🟦편 유튜브라는 플랫폼은 어떻게 전망하세요?

🟦책 제가 이 분야의 전문가는 아니라서 정확히 말씀드리긴 어려울 것 같아요. 하지만 유튜브도 메타버스로 가상현실 세계와 연결해서 진화해 가지 않을까요? 유튜브는 어차피 구글이에요. 지난번에 부모님 댁에 갔더니 굉장히 큰 TV를 사셨더라고요. 그런데 TV에서 바로 유튜브를 볼 수 있어요. 구글이 단지 TV로 연동만 되게 할까요? 그걸 기반으로 진화한 플랫폼을 만들겠죠. 현재 유튜브는 전 세계에서 가장 많은 접속이 이루어지는 플랫폼이에요. 어마어마한 방송국이며 정보의 바다죠. 전 세계 1위 유튜브 채널은 구독자가 1억 명이 넘어요. 1억 명이 되는 사람을 모을 수 있는 플랫폼이 어디 있겠어요? 그래서 유튜브가 막강한 플랫폼이라고 말씀드린 거예요.

🟦편 이미 대여섯 살 아이들이 유튜브에 능숙해요. 이 아이들이 커서 만들어갈 새로운 세상이 상상도 안 되네요. 우리가 만든 게 이 정도인데, 지금 아이들의 손을 거치게 된다면 어마어마한 디지털 세상이 또 만들어지겠죠.

📖 현재의 우리가 예측하기 어려운 세계가 만들어질 거예요. 상상을 초월하는 일들이요. 세계적 미래학자이자 사상가인 레이 커즈와일Raymond Ray Kurzweil은 20개 대학의 명예박사 학위가 있고, 세 명의 미국 대통령에게 공로훈장을 받았을 뿐 아니라 구글 엔지니어링의 이사를 맡기도 한 천재 발명가인데요. 그는 2045년, 죽음의 소멸을 얘기하고 있어요. 제가 하버드에 재학 중일 때, 하버드 심리학과에서는 칩을 두뇌에 삽입해서 심리를 컨트롤하는 연구도 하고 있었어요. 이미 테슬라의 설립자 앨런 머스크는 2017년 '뉴럴링크Neuralink'라는 회사에 1억 달러를 투자하고, 인간의 뇌와 컴퓨터를 연결하는 연구를 시작했고요. 어떤 세계가 다가올지 정말 감이 안 잡혀요. 실제 유튜브에 인간의 집단지성이 다 들어가고 있어요. 없는 게 없잖아요. 수많은 사람들의 노하우를 내가 직접 찾아볼 수 있죠. 참여하는 인류의 뇌를 모두 연결해 어마어마한 집단지성 플랫폼을 이루어놓았어요. 정말 엄청난 세상이 이미 도래해 있지요.

📖 유튜브가 유해물은 자체적으로 걸러내나요?

📖 동영상 업로드 시 '아동용이다, 아니다'부터 나누게 되어 있고, 유해물 표시도 다 체크하게 되어 있어요. 필터링을 AI로 하고 있는 것으로 알고 있습니다.

플랫폼 활용에 대한 격차가 더 심해질까요?

📖 디지털 플랫폼, 메타버스 등을 아직 잘 모르는 분들도 많아요. 능숙하게 활용하는 분들도 많고요. 이런 격차가 앞으로 더 심해질 것 같아요.

📖 새로운 디지털 언어에 관한 디지털 리터러시Digital Literacy의 문제예요. 한때, 국내 부호 1위인 삼성 이재용 회장을 카카오톡 김범수 의장이 제쳤다는 것 자체가 엄청난 상징이죠. 이재용 회장은 금수저, 김범수 회장은 흙수저라고 하잖아요. 카카오톡 플랫폼으로 새로운 시대의 새로운 언어를 잡았기 때문에 기존 체계를 넘어선 거죠. 새로운 세계의 언어와 게임의 법칙을 먼저 파악하고 그것을 미리 선점하는 효과가 정말 어마어마해진 거죠. 그래서 요즘 기성세대들이 MZ 세대에게 인생을 어떻게 살아야 하는지 충고하는 것이 정말 가능할까? 하는 생각도 들어요. 우리보다 훨씬 더 디지털 세계에 능숙하고, 듣도 보도 못한 용어들을 자유롭게 활용하며 막대한 부를 만들어내는 젊은 친구들도 많잖아요.

편 디지털 플랫폼에 대해 잘 알 수 있는 방법이 뭘까요?

책 내가 직접 해보는 게 중요해요. 그래서 저는 유튜브를 해보라고 권해요. 만약 얼굴을 드러내기 싫으면 얼굴을 가리고 하세요. 저도 얼굴 안 내보내잖아요. 우리나라 굴지의 대기업 계열사 CEO 한 분이 저에게 모든 콘텐츠는 7분 이상 넘어가면 안 되고, 영상에 꼭 얼굴이 나와야 한다고 말씀하셨는데, 저는 이미 그 당시에 한 시간 반짜리 콘텐츠를 올리고 있었고 얼굴도 안 내보냈어요. 그분의 주장이 하나도 안 맞은 거죠. 새로운 게임이 시작됐어요. 그래서 직접 플랫폼을 구축하고 경험해 보며 배우는 것이 가장 빨라요.

편 기존의 관점과 논리와는 다른 거네요?

책 기존 질서가 새로운 질서로 급격하게 변화하고 있는 시대에는 새로운 논법, 새로운 흐름, 새로운 언어, 새로운 감정, 새로운 감성의 흐름을 파악하는 것이 중요해요.

책추남 NAVI 스쿨 3학년 과정인 '머니 북살롱'에 참여하는 멤버 한 분은 스테이킹이라는 투자 기법, KOK라는 플랫폼으로 일주일에 세 시간 정도 일하고 3천만 원을 넘게 벌고 있어요. 4학년 과정인 '라이프 체인저 코칭'에 참여하는 36세의 블록체인 회사 CEO는 메타버스와 크립토로 막대한 부를 창출하며 6개월은 한국에, 2

개월은 미국에, 2개월은 중국에, 2개월은 유럽에 거주하는 등 전 세계를 누비며 자유롭게 살아가고 있고요. 이번 주에 연락할 때는 포루트칼 리스본에, 그 다음번에는 미국 마이애미에, 그다음은 남 아프리카에, 그다음은 두바이에 가 있더군요.^^ 그래서 그 대표님 과는 수업 날짜를 잡기가 힘들어요. 우리 세대가 상상도 못했던 신 세계에서 이미 자유롭게 자신의 잠재력을 펼치며 살아가고 있죠. 그런데 왜 책추남 NAVI 스쿨에 오셨냐고 했더니, 돈도 정말 많이 벌었고 성공도 경험했지만 마음의 공허감을 어떻게 해야 할지 모 르겠다고 하시더라고요.

내가 플랫폼이 되려면
콘텐츠를 갖고 있어야 되는 거 아닌가요?

편 처음 작가님을 만났을 때 개인 플랫폼을 주장하셨어요.

책 네. "I am the Platform." 내가 플랫폼이 되어야 하는 시대예요.

편 내가 플랫폼이 되려면 콘텐츠를 갖고 있어야 되는 거 아닌가요?

책 우리의 인생이 다 콘텐츠예요. 우리의 삶과 경험에서 얻은 지식과 지혜의 스토리가 다 콘텐츠가 될 수 있어요. 아픔과 기쁨, 실패 성공의 경험도 다 콘텐츠가 될 수 있죠. 내가 생각할 때는 별것 아닌 것들이 어느 누군가에게는 값진 지식과 지혜가 될 수 있거든요. 오늘의 제 경험을 필요로 하는 사람이 있고, 과거의 제 경험이 필요한 사람이 있어요. 앞에서 말했던 『백만장자 메신저』라는 유명한 책이 있어요. "자신의 지식과 경험을 바탕으로 메신저가 돼라."고 얘기를 해요. 내가 살아온 삶이 바로 콘텐츠라고 생각하고 스스로 찾아보면 돼요. 그래서 '책추남 메신저 코칭 스쿨' 모토가 "내 삶이 바로 메시지다!", "Everyone is a Messenger!"랍니다.

편 그런데 많은 분들이 "나는 콘텐츠가 없어서 무엇부터 시작해야 될지 모르겠다."라고 말씀하세요.

책 한국의 교육이 그런 것 같아요. 무엇을 좋아하는지, 잘하는지 아는 사람들이 생각보다 별로 없잖아요. 사실 그동안 독서를 많이 하지 않았다 해도 내가 흥미롭고 호기심이 느껴지는 책의 프롤로그와 에필로그를 정확하게 파악하고, 내가 좋아하는 부분의 목차를 뽑아서 필요한 부분을 소개만 해도 좋은 콘텐츠가 될 수 있어요. 편집장님께서는 출판사 일을 하시니까 잘 아시겠지만 정말 심사숙고해서 목차와 카테고리를 잡잖아요. 머리말, 맺음말 목차만 제대로 읽고 큐레이션 해주는 것만으로도 좋은 콘텐츠가 될 수 있는 거죠.

미술관 큐레이터가 화가인가요? 아니죠. 그 사람들은 피카소도 아니고 고흐가 아니지만 큐레이션 하는 것만으로도 가치를 지녀요. 지금 시대는 큐레이팅의 시대예요. 제가 소개하는 모든 책들을 직접 쓴 사람은 아니잖아요. 그렇지만 이걸 읽어줌으로써 큐레이팅 하는 거예요. 북튜버 채널들은 책들의 큐레이팅 플랫폼이지요. 저자들과 독자들을 연결해 주는 역할을 하니까요. 그것만으로 큰 가치가 있어요. 그러니까 큐레이션 하는 사람이 그 분야의 전문가일 필요는 없는 거죠. 예들 들어 제가 메타버스에 대한 책을 읽어드릴 때 그 분야의 전문가일 필요는 없잖아요. "러닝 바이 두잉

Learning by Doing" 즉 경험해 보면서 배우면 돼요. 작은 실수나 실패를 두려워하지 마시고, 그냥 해보세요. 자꾸 반복해서 말씀드리게 되는데 지금은 직접 해보면서 배우는 시대예요. 옛날처럼 완벽하게 준비해서 시도해 보는 시대가 아니에요. 저 보세요. 정말 기계치잖아요. 그런데 북튜버 중에 저만큼 다양한 채널로 방송 송출하는 분들도 많이 없을 거예요. 기계치가 메타버스까지 하고 있잖아요. 그냥 하면서 배워나가면 돼요.

책추남이 사용하는 플랫폼 열 개를 소개해 주세요

편 작가님이 사용하는 플랫폼 열 개를 추천해 주세요.

책 인스타그램, 틱톡 블로그, 포스트, 팟빵, 팟티, 소리오디오, 페이스북 두 곳, 밴드, 제페토, 브런치, 트위터, 링트인까지 하니까 열곳이 넘네요.

편 여러 가지 플랫폼을 활용하면 콘텐츠가 훨씬 빠른 속도로 알려지나요?

책 사실 현재 유튜브를 따라올 플랫폼은 없어요. 그런데 중국은 유튜브가 막혀 있어서 중국에 사는 분들의 부탁으로 팟빵을 열었는데 수익은 정말 미미해요. 인스타그램의 구독자 수도 아직 1,200명 정도밖에 안 되고요. 인스타그램에서 이 정도의 구독자 수는 아무것도 아니죠. 그래도 인스타램을 통해서 해외에서 연락이 오기도 해요. DAUM 브런치를 통해서 연락이 오는 경우도 있어서 채널을 다 열어놓는 거예요. 여러 플랫폼에 동시 송출해서 책추남을 듣고 싶은 분들께 기회를 드리고, 동시에 책추남 브랜드 인지도를 조금이라도 높여보려는 거죠.

어떤 플랫폼이 갑자기 성장할 줄 누가 어떻게 알겠어요? 그리고 저 같은 경우는 유튜브 업로드를 비롯해 여러 개의 채널에 동시에 올리는 데 20분 정도면 충분하니까 안 할 이유가 없죠. 현재까지는 유튜브가 오디오 채널 역할까지 다 하고 있기 때문에 오히려 팟빵이나 소리오디오 하셨던 분들이 제 특강을 듣고 북튜브를 시작하기도 해요. 어느 채널을 사용하던 자신만의 콘텐츠로 자신만의 매력을 가장 잘 나타낼 수 있는 플랫폼을 선택해서 자신만의 플랫폼을 구축하는 것이 중요한 거죠.

다양한 플랫폼에 대해 고민하니까
N잡러가 되고 싶네요

📧 플랫폼이 다양하다는 거에 눈을 뜨니까 N잡러가 되고 싶네요.

📕 저는 메신저 비즈니스나 N잡러에 관심을 기울여야 하는 시대가 되었다고 생각해요. 제가 아는 공무원 후배가 자신은 공무원이어서 여러 제약이 많다고 하더라고요. 그래서 저는 이렇게 말해줬어요. "공무원도 책을 쓸 수 있고, 투자도 할 수 있고, 보드게임이라도 만들 수 있어. 제약만 생각하지 말고 할 수 있는 것들을 찾아봐." 무슨 말이냐면 지금 내가 당장 할 수 있는 게 뭐가 있는지 찾아보고 뭐라도 행동해야 하는데, 다들 어렸을 때 받은 교육 속에서 자기 한계치를 그어 놓고 사는 것 같아요. 공무원도 은퇴하잖아요. 은퇴 뒤의 삶은 어떻게 할 건가요? 65세에 은퇴하고 나머지 반의 인생은 연금으로 근근이 살아가기만 할 건가요? 수익과 상관없이 자신만의 소중한 인생과 시간을 의미 있고 즐겁게 살 수 있는 무엇인가를 마련해 놓아야 하잖아요. 어떤 직업을 가졌든 간에 지금부터라도 메신저 비즈니스나 N잡러에 대해 관심을 가져야 한다고 생각해요.

디지털 플랫폼을 알려면
직접 플랫폼을 구축하고 경험해 보며 배우는 것이 가장 빨라요.

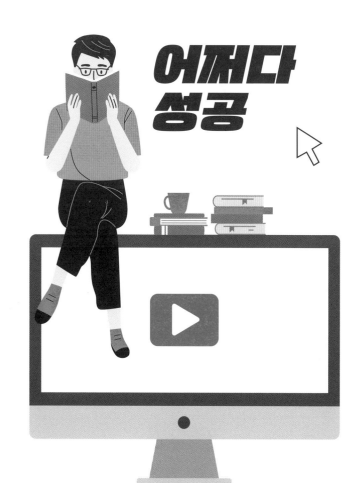

메신저 북튜버가 되면서 열린 기회들은 어떤 것들이 있나요?

편. 메신저 북튜버가 되면서 열린 기회들은 어떤 것들이 있나요?

책. 메신저 북튜버가 되면서 정말 다양한 기회들이 열린 것 같아요. 당연하겠지만 책과 출판에 대해 알 수 있는 다양한 기회들을 만날 수 있었는데요, 먼저 이 책을 쓸 수 있는 기회가 다가왔죠? ^^ 제 첫 단독 저서인 『간헐적 몰입』이라는 책도 제가 북튜버여서 출판사에서 먼저 출간 제안을 해주셨고요. 이렇게 북튜버가 되면서 퍼스널 브랜딩의 탄탄한 기반이 형성되었습니다. 그리고 브랜드 파워를 바탕으로 다른 기회들이 따라 열리기 시작했지요. 무엇보다 좋은 책인데도 절판돼서 안타까웠던 책들을 다시 살려낼 수 있는 기회가 생긴 것이 너무 감사해요. 그렇게 출간돼서 베스트셀러가 된 책들이 『여기가 끝이 아니다』, 『어포메이션』, 『머니 테라피』이고, 이후로도 『괜찮아, 분명 다 잘되고 있으니까』, 『1퍼센트 부자의 법칙』 등으로 좋은 절판 도서들을 되살리는 프로젝트를 이어가려고 해요. 절판 도서 되살리기 프로젝트가 이어져서 출판 법인 대표가 될 수 있는 기회도 생기게 됐죠.

유명 성우이신 KBS 서혜정 성우님, 송정희 성우님, MBC 조예

• 네이버 오디언 녹음 기념

• 용인 동백문고 책추남 추천 도서 코너

신 성우님께 목소리를 훈련할 기회도 얻게 되고, 서혜정 성우님의 권유로 직접 오디오북 제작도 해봤어요. 아직 가보진 못했는데요, 용인 동백문고에는 책추남 추천 코너까지 만들어졌다고 합니다. 네이버 오디언, 윌라, 밀리의 서재와 함께 일할 수 있는 기회도 다 가왔어요. 또 네이버와 EBS가 함께 설립한 스쿨잼에서 청소년들을 위한 교육 프로그램을 제안해 오셔서 네이버 엑스퍼트에서 청소년 경제, 인성교육 프로그램을 진행하고 있기도 합니다. 그리고 무엇보다 책추남 NAVI 스쿨을 통해 전 세계에 계신 좋은 분들을 함께 만나며 열리는 기회들이 참으로 감사하지요. 정리해서 말해보자면 첫째, 의미 있는 삶을 살아갈 수 있는 기회 – 〈책추남TV〉를 통해 의미 있는 메시지를 전함으로써 선한 영향력을 전파할 수 있는 기회를 얻었습니다. 둘째, 경제적 자유를 추구할 수 있는 기회 – 다양한 머니 파이프라인을 개발하고 연결할 수 있는 경제적 기회를 얻었습니다. 셋째, 풍요로운 인간관계를 누릴 수 있는 기회 – 전 세계에서 귀한 인연들을 맺을 수 있는 기회를 얻었습니다.

북튜버로서 어떤 분들을 많이 만나세요?

편 북튜버로서 어떤 분들을 많이 만나세요?

책 다양한 분들이 찾아오세요. 출판사, 방송국은 물론이고 고위 공직자분이 찾아오신 적도 있어요. 정말 다양하고 생각지도 못했던 사람들이 찾아오세요. 혹은 그냥 고마워서 만나보고 싶다고 말씀해 주시는 분들도 계시고요.

• EBS 모닝 스페셜 영어 인터뷰

편 책추남 채널이 사람들을 끌어당기는 힘이 있나 봐요.

책 저는 "여러분, 저는 이런 기준으로 책을 봅니다. 참조로 하시고 스스로 독서의 기준을 세우고, 독서의 내용들을 누구의 말이니까 따르지 말고 여러분이 스스로 실험해 보고 검증해 보세요."라고 말씀드리고 있어요. 제가 다른 분들과 혹시 차이가 있다면 "저를 따르라."라고 하지 않는 거예요. 그래서 저를 코코치라고 지칭한다고 말씀드렸죠? 반드시 스스로 실험하고 검증해 봐야죠. 구독자 한 분이 'BASIC 북살롱' 1기 때 찾아와서 여러 곳을 다녀봤지만 이곳이 최고라면서 책추남 NAVI 스쿨에 뿌리를 내리겠대요. 그래서 제가 어디다 뿌리를 내리냐고, 뿌리를 다 잘라버리겠다고 말씀드렸어요. 뿌리는 온전히 자기 내면에 내려야죠. 자꾸 외부에서 찾지 마시고 스스로의 내면에 진정한 자기에게 깊이 뿌리내려야 한다고 생각해요.

북튜버 되기 전과 후의 인생이 다른 게 있나요?

편 북튜버 되기 전과 후의 인생이 다른 게 있나요?

책 북튜버가 되면서 삶의 주도권을 확실하게 잡을 수 있었어요. 굉장한 차이예요. 제 삶의 주도권을 제가 가질 수 있는 여건의 기초를 북튜브라는 플랫폼으로 다지게 된 거죠. 자유로워질 수 있는 기반을 마련했어요. 또 북튜버로서 많은 사람들을 만나고 대화하면서 제 삶도 넓어지고, 저 또한 구독자들의 인식의 지평을 넓히는데 기여하고요. 그렇게 서로 상승효과를 만들어가는 것이 의미가 있다고 생각합니다.

편 플랫폼을 가진 사람은 자유와 주도권을 가질 수 있다고 봐도 되겠네요?

책 금수저를 물고 태어나지 않은 흙수저로 태어난 사람들이 SNS라는 플랫폼을 기반으로 자유와 주도권을 가질 수 있는 세상이 되었으니 그 기회를 잡아야죠.

편 실패하면 어떻게 해요? 원하는 결과를 얻지 못할 수도 있어요.

책 요즘은 과거에 비해 실패에 대한 비용이 막대하지 않아요. 그러니까 혹시 실패하더라도 다시 시작하면 돼요. 물론 같은 실수를 반복하지 않는 것은 중요하겠지만요. 그래서 N잡 형태로 다각도로 여러 시도를 해보는 것이 중요하다고 생각해요. 여러 가지 콘텐츠를 여러 가지 플랫폼에서 다양한 방식으로 시도해 보는 거죠. 요즘은 〈1인 기업가 되기〉 등의 유튜브 콘텐츠들도 넘쳐나니까 정보를 얻거나 도움받기도 수월해졌어요. 앞서 소개했듯이 책추남 NAVI 스쿨 과정에도 '책추남처럼 북튜버 되기'나 '메신저 코칭 스쿨' 같은 과정이 있고요.

편 『어쩌다 북튜버』 책의 핵심 문장은 "I am the Platform."이네요.

책 개인이 플랫폼을 소유할 수 있는 기회가 주어졌기 때문에 내가 삶의 주도권을 가지고 자유를 누릴 수 있는 시대예요. 작년 초 대기업의 자회사 CEO로 스카우트 제의가 들어왔는데, 저는 그 제안을 보자마자 "내가 굳이 왜?"라고 생각했어요. 대기업에서 2~3년 성과급을 받으며 일한다고 해도 그 이후에는 어떻게 될까요? 내가 원치도 않는 일을 내가 따르고 싶지 않은 가치에 따라 이윤을 맞추는 일을 해야 할 때도 있겠죠. 회사의 스케줄에 전부 맞춰야 하는 것은 물론이고요. 그렇다고 이후로 제 인생을 책임져 줄 리도 없는데 제가 왜 그 길을 가겠어요? 과거에 회사가 내 미래까지 책임져 줄 때는 그럴만한 가치가 있었을지 모르지만 지금은 회사가 나의 미래, 나의 인생 아무것도 보장하지 않는데 그렇게 살아야 할 이유가 더 이상 없다고 생각해요.

인생에서 제일 힘들었던 실패 경험은 무엇인가요?

편 인생에서 제일 힘들었던 실패 경험은 무엇인가요?

책 어떤 사람들은 제가 국내의 명문 대학(원)들과 아이비리그 대학원을 나와서 순탄했을 거라고 생각하시는데 그렇지 않아요. 제 멘토 선생님들께서 워낙 뛰어나기도 하셨고, 하버드에서 공부하면서 세계에서 잘난 사람들이 얼마나 많은지 알았기 때문에 제가 특별히 뛰어나다는 생각 자체를 해본 적이 없어요. 또 여러 가지 인생 경험을 통해 진정성과 실력만 가지고는 충분하지 않다는 것을 뼈저리게 느꼈죠. 자본주의 사회, 즉 돈이 근간이 되는 사회 구조에서 제대로 살아가려면 반드시 돈 공부를 해서 균형을 맞춰야 해요. 그 균형을 갖추지 못했을 때, 대가를 치렀어요. 가치를 추구하고, 내가 진실하고, 내가 실력 있는 사람이면 언젠가 알아주겠지 하고 순진하게 생각했던 것 같아요. 그런데 진정성이나 실력만 가지고는 안 된다는 걸 안 거죠. 제가 책추남 NAVI 스쿨에서 마음공부와 더불어 돈 공부, 사람 공부를 강조하는 이유예요.

제가 방송에서 매번 반복해서 다음과 같이 말씀드리고 있죠? "책추남은 꿈을 꿉니다. 애벌레가 나비로 날아오르듯 나답게, 자유롭게, 충만하게 살아갈 수 있는 실력과 지혜를 기를 수 있는 NAVI 스쿨 설립을 꿈꿉니다. 이를 위해 '천天-하늘의 마음공부, 지地-땅의 돈 공부, 인人-사람 공부'가 통합적으로 이루어질 수 있는 학교, 여러분 한번 상상해 보세요. 애벌레가 나비로 날아오르듯 또는 드넓은 바다와 드높은 하늘을 자유롭게 날아다니며 사는 갈매기 조나단처럼 그렇게 나답게 자유롭게 충만하게 살아갈 수 있는 실력과 지혜를 체득할 수 있는 학교가 존재한다면 얼마나 멋질까요? 그리고 더 나아가 그것을 우리 아이들이, 우리 다음 세대가 어린 시절부터 익히고 누리고 살아간다면 얼마나 좋을까요.

혼자 꾸면 꿈이지만 함께 꾸는 꿈은 현실이 되기에 여러분을 책추남 NAVI 스쿨의 비전에 초대합니다. 여기에 참여하기 위한 가장 쉬운 방법은 추천해 드리는 좋은 책들을 소장해서 반복적으로 읽고 듣고 토론함으로써 독서문화와 우리의 출판문화와 정신문명을 바꾸는 나비 효과의 씨앗으로 심어주는 것입니다. 그리고 이 영상이 도움이 되셨다면 주변에 세 사람에게만 선물로 공유해 주세요. 책추남이 만 권의 책에서 백 권을 선별하고 다시 백 구절을 뽑아 북타로 형식으로 재미있게 보면서 QR코드로 바로 책추남 영상과 연동시킨 『미라클 인사이트』 책도 출간되어 있으니 이 책을 세분에게 선물해 주셔도 좋습니다. 그렇게 우리가 함께 공유해나갈 때, 더 많은 애벌레들이 나비로 날아올라 아름다운 꽃들이 만발하는 책추남 NAVI 스쿨의 비전을 위한 나비 효과를 함께 일으켜가는 길이라고 믿습니다." 자꾸 말하고 함께 꿈꾸면 현실이 된다고 하잖아요? 정말 이런 학교가 있으면 얼마나 좋을까, 자꾸 꿈꾸고 말해보고 있어요.

책추남이 이룬 성공은 뭔가요?

편 책추남이 이룬 성공은 뭔가요?

책 사회에서 말하는 성공의 기준으로 보면 제가 성공했다고 말할 수 있는지 모르겠어요. 그냥 작은 북튜브 채널을 운영하고 있는 메신저잖아요. 하지만 제가 가지고 있는 성공 개념에 비추어 보면 괜찮은 것 같아요. 저는 "성공이란 마음의 평화이며 이 마음의 평화는 자신이 될 수 있는 최선의 존재True Self가 되기 위해 최선을 다해 몰입Flow했다는 사실을 스스로가 아는 데서 느껴지는 마음의 충만함으로부터 온다."라고 정의합니다. 그 기준에 비추어 보면 성공을 향해 가고 있는 것 같습니다.

저는 비록 백만이나 천만 구독자를 갖고 있는 대형 유튜버는 아니지만 제 스스로 애벌레가 아닌 나비로 살기 위해 하루하루 몰입하며 살아가고 있고, 그 가운데서 점점 더 만족감을 누리고 있으니 성공에 가까워지고 있는 것 같아요. 제가 좋아하고, 잘하고, 다른 이들에게도 도움이 되는 일을 하고 있으니까 금상첨화지요. 특히 자기 삶의 주도권을 갖고 점점 더 큰 자유를 누리는 존재가 되어 가는 게 성공이라고 생각해요. 겉이 번지르르한 인생을 추구했다면 좋은 명함이 나오는 곳을 찾아다녔겠죠. 저는 누군가 저를 알아주지 않아도 상관없어요. 유명해지는 것이 생각보다 피곤한 일이라는 걸 알거든요. 제가 몇 천억 원을 가진 부자라면 지금 저의 일과가 크게 달랐을까요? 아니에요. 물론 제가 요즘 항상 일하고 있는 아름다운 전망대 카페나 공원을 통째로 살 수는 있겠죠. 그리고 지금보다 열 배 비싼 커피도 개의치 않고 마시는 거 정도 하지 않을까요? 그런데 저는 커피도 딱히 좋아하지 않으니 그것도 안 할 거 같아요. 아마 제 하루는 억만장자가 된다 해도 지금과 크게 달라지지 않을 거예요. 오늘 이 순간 내가 원하는 삶을 당당하고 행복하게 살아내면 되는 거예요.

세계적으로 저명한 정신과 의사 브라이언 와이스Brian Weiss 박사님이 이런 이야기를 하셨죠. "위대한 일을 할 기회가 주어지지 않는다면, 작은 일을 위대하게 해내면 된다." 정말 멋진 말씀이라고 생각해요. 우리 같이 평범한 사람들 중에 스티브 잡스나 앨론 머스크나 빌 게이츠나 오프라 윈프리나 마더 테레사 같은 유명인이될 수 있는 사람이 몇이나 되겠어요? 그렇지만 우리는 우리의 소소한 삶을 위대하게 살아갈 수 있어요. 내가 즐겁고 행복하고 내 가정을 잘 보살피고 다른 사람들을 조금이라도 도와줄 수 있다면 그게 성공이고, 저는 그런 면에서는 성공하는 중이라고 생각해요. 성공도 진행형이라고 생각해서 '성공해가고 있는 중이다'라고 말씀드리는 것이 나을 수도 있겠네요. 중학교 때 달달 외웠던 '~ing형' 아시죠? ^^

📕 내가 정의하는 성공이 이루어져 있다면 나는 성공한 사람인거죠. 작가님은 북튜버로서 다른 사람들도 자기 인생의 주도권을 가질 수 있도록 많은 사람들과 교류하고 있어요.

📗 제가 아는 것들이 다른 사람들에게 도움이 되고, 제가 읽고 싶은 책들이 다른 분들에게 도움이 될 수 있다면 참 감사하죠. 그리고 저같이 삶의 주도권을 가지고 살아갈 수 있는 메신저의 삶을 사는 분들이 많아지면 좋겠다는 생각으로 '책추남 메신저 코칭 스쿨'도 시작한 거고요.

책추남과 같은 고민을 하는 사람들이 많이 있나요?

📖 책추남과 같은 고민을 하는 사람들이 많이 있나요?

📕 짐 로저스, 워런 버핏 같은 사람들은 자기 삶의 주도권과 자유를 극렬하게 추구해요. 그래서 그들이 투자가의 길을 선택한 거죠. 자본주의 게임에서 자유를 추구하기 위해서는 투자가가 유리하다는 판단을 했기 때문이에요. 실제로 이뤄내기도 했고요. 2030세대들과 함께 '2030 북살롱'을 진행하는데 시즌별로 주제를 바꿔가면서 하고 있어요. 지난번에는 'N잡러 되기'를 했고, 요즘은 파이어족을 추구하기 위해 돈 공부를 주제로 함께 하고 있어요. 파이어족은 지금은 검소하게 살고, 향후에 자신의 시간을 돈과 바꾸며 살지 않기 위해서 조기 은퇴하고 적정 수준의 부만 가지고 자신이 원하는 라이프 스타일을 추구하는 젊은 세대들을 가리키는 신조어예요.

저는 2030들에게 메신저, N잡러, 파이어족 라이프 스타일을 권장하고 있어요. 지금 멋진 스포츠카를 타고 나중에 빌빌거리는 거보다 지금 소박하게 소형차를 몰고 그 돈은 미래와 내가 원하는 라이프 스타일을 위해 투자해 놓았다가 조기 은퇴 이후의 시간들을 자신만의 행복을 누리며 충만하게 살아가는 것이 지혜로운 삶이라고 생각해요. 이제 과거의 성공 공식은 끝났고 새 시대의 새로운 성공 공식이 등장했어요. 이에 발맞추어 자신의 성공관成功觀을 점검하고 변화한 세상에 맞추어 서핑하듯 대응하고 준비해 나가는 거죠.

책추남의 계획은 어떻게 되나요?

편 책추남의 계획은 어떻게 되나요?

책 독서 모임을 함께 하고 있는 중견 기업 CEO 한 분께 "〈책추남 TV〉를 기업으로 생각한다면 제일 먼저 무엇을 목표점으로 잡으면 좋을까요?"라고 여쭤봤더니, 일단 10만 명의 구독자를 만들라고 하셨어요. 채널 구독자가 10만 명이 된 작년 초에 찾아뵈었더니 다음 단계는 시스템을 구축하면 좋겠다고 하시더라고요. 현재 〈책추남TV〉는 1인 기업으로 저 혼자 1인 다역을 하고 있어요. 저는 시스템을 구축하라는 의미를 함께 책추남 NAVI 스쿨을 운영할 팀을 찾고, 마케팅 자동화 시스템을 구축하는 거라고 해석했어요.

사실 책추남의 마케팅은 많은 사람들을 끌어들이는 식의 마케팅이라기보다는 천 명 중에 한 명을 찾고, 만 명 중에 열 명을 찾고, 10만 명 중에 100명을 찾는 것을 목표로 하는 보물찾기 마케팅이에요. 어딘가에서 저와 같은 고민을 하고, 저처럼 삶의 의미를 묻고, 저처럼 삶의 자유와 주도권을 묻는 사람들이 있을 거예요. 그런 숨겨진 보물 같은 사람들을 찾고 싶어요. 저는 정말 너무 많이 헤맸거든요. 성공 과정을 통해서 배웠다기보다는 수많은 실패를 통해서 배웠고, 어쩌다 보니 운 좋게 이 정도 와 있는 것뿐이에요. 제가 좋아하는 말이 "당신의 고통을 낭비하지 마세요."라는 말이에요. 그래서 저처럼 고민하고 있는 분들이 책추남 NAVI 스쿨에 오셔서 불필요한 시행착오나 아픔을 가능한 줄이고 행복하게 사는데 도움을 받으실 수 있으면 좋겠어요. 저와 비슷한 고민을 하는 분들이 책추남 NAVI 스쿨을 쉽게 발견해서 자신들이 원하는 콘텐츠로 바로바로 연결되면 좋겠고요. 그래서 나름 마케팅 공부도 차근차근 해나가고 있답니다.

혼자 꾸면 꿈이지만 함께 꾸는 꿈은 현실이 되기에 여러분을
책추남 NAVI 스쿨의 비전에 초대합니다.

북튜버가 맞는 사람, 안 맞는 사람이
따로 있을까요?

[편] 북튜버가 맞는 사람, 안 맞는 사람이 따로 있을까요?

[책] 책을 싫어하는 사람이나 책에 관심이 없는 사람은 당연히 북튜버가 안 맞겠죠. 단지 수익을 높이고 싶다거나 유명해지고 싶다는 외적 동기만을 가지고 북튜버를 시작한다면 결코 이 분야가 대박 터지는 곳이 아니기 때문에 버티기 어려워요. 그래서 정말 좋아서 하는 게 중요해요. 내적 동기가 강한 분들이 지속할 수 있어요. 그런데 구독자를 많이 늘려서 큰 수익을 창출하고 싶다는 외적 동기만을 추구한다면 차라리 많은 관심을 받고 있는 분야인 댄스, 노래, 뷰티, 게임, 주식 투자, 먹방 등이 더 적절할 것 같아요.

·

북튜버가 되려면
내 콘텐츠가 확실해야 되는 거 아닌가요?

편 북튜버가 되려면 내 콘텐츠가 확실해야 되는 거 아닌가요?

책 북튜버는 누구나 쉽게 시작할 수 있어요. 자신이 좋아하는 책으로 시작하면 되는 거예요. 만약 하고 싶다면 그냥 시작하면 돼요. '책추남처럼 북튜버 되기' 수업에 참가하신 분들의 소감을 들어보면 "이렇게 쉬운 건 줄 알았으면 진작 시작했을 텐데요."라는 말씀들을 많이 하세요. 저도 친구가 시작해 보라고 했을 때 바로 시작했거나 6개월만 빨리 시작했어도 지금과는 국면이 많이 달랐을 거라고 생각해요. 정말 '하면서 배우기Learning by Doing'가 맞아요. 내 콘텐츠도 해나가다 보면 점점 더 확실해져요.

저도 처음부터 천-지-인 커리큘럼으로 잡고 시작한 게 아니거든요. 하다 보니까 '아~ 내가 소개하는 책들이 이렇게 카테고리로 정리될 수 있구나.' 하는 것을 차츰 깨달아가게 된 거죠. 그리고 나라는 존재에 대해서 계속해서 질문을 던져보세요. 내가 어떤 존재가 되고 싶은지, 이걸 왜 하고 싶은지, 어떻게 하면 그런 존재가 될 수 있는지 알아가야죠. 그렇게 질문하다 보면 콘텐츠가 점점 더 다듬어져요.

북튜버로 수익이 없다면
최선을 다하기가 어렵지 않을까요?

📝 북튜버로 수익이 없다면 이 일에 최선을 다하기가 어려울 것 같아요.

"우리가 뭘 해서 돈을 벌 수 있을까?"

"노후에 뭐 먹고살아야 하지?"

📖 그래서 제가 전업 북튜버는 권하지 않는다고 여러 차례 말씀 드렸죠? 사실 인간의 고민 카테고리는 다음과 같은 다섯 가지로 정리해 볼 수 있어요.

1. 인간관계
2. 돈
3. 진로나 이직
4. 건강
5. 삶의 의미

그리고 인간의 욕구 또한 다음과 같이 다섯 가지로 정리해 볼 수 있고요.

1. 생존과 안전에 대한 욕구

2. 통제하고 싶은 욕구

3. 사랑받고 인정받고 싶은 욕구

4. 분리되고 싶은 욕구

5. 하나되고 싶은 욕구

어떤 사람은 돈 문제가 자신의 생존과 안전의 욕구와 연결되어 있는 사람이 있고, 어떤 사람은 사랑받고 인정받고 싶은 욕구와 연결될 수 있어요. 같은 돈 문제로 얘기하지만 거기에 작용하는 욕구가 달라요. 이슈는 같을지 몰라도 근본 욕구가 다른 거죠.

여러분에게 백억 원이 있다면 어떻게 쓸 건가요? 천억 원이 있다면? 1조 원이 있다면? 책추남 '글로벌 머니 북살롱'에는 상당한 자산가들이 참여하시는데요. 제가 그분들의 말씀을 경청해 보면 개인이 가지고 있는 의식의 크기가 부의 수준을 결정하고 있었어요. 결국 중요한 건 돈 이전에 자기의식의 크기예요. 저는 돈도 결국 에너지라고 보는데 내가 그걸 담을 그릇이 먼저 되어야 해요. 이 직이든 전직이든 마찬가지죠. 내가 먼저 어떤 직업에 걸맞은 그릇이 되는 것이 중요하다고 생각해요. 저는 지금 시대에선 이직의 개념이 아니라 N잡의 개념으로 접근해야 한다고 생각해요. 내가 지금 하는 일의 수익을 안정적으로 대체하기 전까지는 언제든지 다시 돌아갈 곳이 필요해요. 그래서 저는 전업으로 북튜버를 한다는 분들이 계시면 말려요. 현실적으로 북튜버가 언제까지 갈지 누가 알겠어요? 하이텔과 프리챌, 아이러브스쿨이 지금 어디에 가 있나요? 그 플랫폼들은 다 사라졌어요. 유튜브의 플랫폼은 좀 더 수명이 길 것 같긴 하지만 메타버스 플랫폼들이 속속 등장하고 있는 현 시점에서 언제까지 갈지 아무도 몰라요. 더군다나 유튜브 수익 창출이 갑자기 정지되는 경우도 종종 있고요. 그러니까 끊임없이 N잡을 탐색하며 여러 종류의 파이프라인을 지속적으로 개발하면서 끊임없이 연결하는 방식으로 움직이는 게 적절하다고 봐요. 이직이라는 개념보다는 N잡러 개념으로 접근하는 것이 지금 시대에는 지혜로운 일이 아닐까 생각해요.

특별하지 않은 콘텐츠가 대박 나는 경우도 많죠?

📕 특별하지 않은 콘텐츠가 대박 나는 경우도 많죠? 제가 과거에 충격이었던 게 조카가 중학교 때 계속 유튜브를 보고 있어서 뭔가 봤더니, 20대 직장인 여성의 하루 일과 브이로그예요. 아침에 출근해서 뭐 하고 점심 먹고 퇴근해서 집에 와서 책을 읽는 등 일과를 쭉 펼쳐놓은 유튜브를 계속 틀어놓는 거예요. 그런데 구독자가 어마어마한 게 너무 신기했어요.

📗 ASMR이라고 사과 먹는 소리, 빗방울 소리, 숲의 새소리, 파도 소리 등을 주제로 하는 채널도 있어요. 그냥 세 시간 동안 비 오는 소리를 들려주는데 그런 소리들이 콘텐츠가 되는 거죠. 한 초등학생이 가면 쓰고 '얼렐렐렐레~~~' 소리만 내도 구독자가 50명이 넘어가기도 해요. 그러니까 내 삶을 구성하는 모든 것이 콘텐츠가 될 수 있다는 의미예요. 사실 제가 아직도 제일 이해가 안 되는 분야가 '먹방'이에요. 맛집은 저도 좋아하니까 이해가 되지만 10인분 20인분을 혼자 다 먹는 것을 보면 식욕이 돌기보다는 계속 먹는 분들이 걱정돼요. '저렇게 먹고 나면 건강이 어떻게 될까? 저렇게 먹으면 인체의 균형이 무너져서 나중에 고생하게 될 텐데, 정말 걱정된다.'

하며 잘 안 보게 되거든요. 그런데 먹방 채널도 구독자가 수백만 명이 넘잖아요. 혼자 10인분 20인분 먹는 것은 특별한 것이긴 하죠? 특별하다 특별하지 않다 보다는 어떤 영상이 현대인들의 마음에 감정적 만족감을 주느냐가 중요한 것 같아요. 저도 가끔 자연의 소리를 틀어놓을 때가 있거든요. 특별하진 않지만 그 소리가 주는 마음의 위안과 힐링을 원하는 거니까요. 이런 측면에서 사람의 심리를 이해하는 것이 참 중요한 것 같아요. 전 먹방의 심리를 좀 더 탐구해 봐야겠네요. 혹시나 제가 만족시키고 싶은 심리라고 파악되면 책추남 먹방도 시작할 수 있겠죠?^^

나만의 브랜드는 어떻게 만들 수 있나요?

편 작가님이 책추남이라는 브랜드를 갖고 계시잖아요. 저도 저만의 브랜드를 갖고 싶거든요. 나만의 브랜드는 어떻게 만들 수 있나요?

책 워낙 방대한 개념이라 브랜딩에 대해 이 자리에서 다 답해드릴 순 없을 것 같아요. 그래도 간단히 설명하면, 브랜드란 한 마디로 '매력적인 자기다움'이에요. 자기답다는 건 나다움과 나답지 않음을 결정할 수 있는 기준을 세운다는 의미이기도 하죠. 국내에서 유명했던 책 한 권이 있었어요. 종합 베스트 1위까지 올라서 지명도 있는 북튜버들이 그 책을 대부분 소개했지만 저는 안 했어요. 그 책을 읽어본 분들이 좋다는 말씀도 많이 하셨고, 작가님이 소개해 달라고 직접 요청 메일을 보내기도 했고요. 그런데 단지 〈책추남 TV〉의 책 소개 기준에 맞지 않아서 하지 않았을 뿐이에요. 책추남을 들어보신 분들은 알겠지만 삶의 진정한 변화와 성장을 촉진시켜주는 숨겨진 보물 같은 책들로 새로운 나와 새로운 세계를 조우하는 기분 좋은 설렘, 월드 클래스 북코칭 책추남 NAVI 스쿨이라고 소개해 드리잖아요? 숨겨진 보물 같은 책인데 책이 워낙 유명해서 숨겨져 있지도 않았고요.^^ 사실 이 책을 소개하기만 하면 그 당시에 구독자가 10만 명이 금세 넘어가고, 그에 따른 상당한 광고 수익이 따를 거라는 것을 알고 있었는데 저라고 왜 고민이 안 되겠어요. 그래서 기준이 없으면 나다움을 지키기가 너무 어려워요. 기준이 있어도 지키기가 어려운데 하물며 기준이 없으면 지키기 더 어려운 거죠.

　　브랜딩은 자신만의 '나다움'의 기준을 세우고 그것을 지속적으로 지켜나가는 거예요. 이렇게 나답게 살면 사람의 경우 생체 에너지가 강화되고, 에너지가 강해지면 결과적으로 끌어당기는 매력이 강해지게 되죠. 그런 사람들은 빛을 발하게 돼요. 그러면 많은 분들이 좋아하는 '끌어당김의 법칙'에 따라 사람이 끌려오게 되죠. 관광觀光을 한자로 풀면 빛을 본다는 의미예요. 나다운 사람이 뿜어내는 빛을 보기 위해 사람들이 오는 거예요. 기회와 돈도 함께 가지고 말이죠. 책추남 NAVI 브랜드 전략 7단계가 있는데, 궁금하신 분이나 무료로 개념을 파악하고 싶으신 분들은 유튜브에 'NAVI 휴먼 브랜딩'을 검색해 보세요. 더 궁금하신 분들은 '책추남처럼 북튜버 되기'나 '책추남 메신저 코칭 스쿨' 수업에 오시면 돼요. 가성비 가심비 최고라고들 하시니까 후회는 안하실 듯해요.

50대, 60대, 70대 북튜버도 있나요?

편. 50대, 60대 북튜버도 있나요?

책. 50대, 60대가 뭐예요? 70대도 있어요. 모든 게 콘텐츠가 되는 시대예요. 고민할 시간에 뭐라도 시작하고 구독 수 안 나오면 다르게 시도해 보면 되죠. 아니면 자녀들이 나중에 듣도록 기록으로 남겨놓기라도 하면 되고요. 30대가 늦어요? 40대라서 늦었다고요? 50대라서 늦었다고요? 아니에요. 앞으로 60년, 70년 더 살아야 해요. 늦지 않았어요. 실제로 70대 교수님이 수업에 오셔서 시니어 북튜브 채널을 시작하셨어요.

편. 그런데 모든 사람들은 자신의 나이가 많다고 느껴요.

책. 왜냐하면 그 윗세대를 보고 살았으니까요. 이제 유엔이 65세 이하를 청년이라고 구분하잖아요. 우리 사회는 어렸을 때부터 점수를 매기고, 그 나이에는 무엇을 해야 한다는 소리를 많이 해요. 제가 40대 초반에야 유튜브 플랫폼 환경이 마련되었어요. 40대에는 뭘 해야 한다는 고정관념을 깨고 그 환경에 뛰어든 거죠. 지금은 너무나 보편화돼서 TV보다 유튜브를 훨씬 많이 보고 있지만 생각해 보면, 유튜브 플랫폼이 대중에게 보편화된 게 불과 몇 년 안 됐어요. 그러니까 나이는 잊고 시작하시면 돼요. 청소년들은 말할 필요도 없겠죠. 누군가 내 이야기에 관심 있고 귀 기울이는 사람들이 반드시 있기 마련이거든요.

무조건 병행하라는 말씀이시죠?

편 무조건 병행하라는 말씀이시죠? 학교에 다니는 학생들도 병행, 직장인들도 병행인 거죠?

책 물론 사람마다 사정이 다 다르니까 '무조건'이라는 표현은 조심스러워요. 하지만 말씀드렸듯이 저의 경우 유튜브 채널을 운영하는데 시간이 별로 안 들어요. 하루에 한 시간만 투자하면 되니까 나머지 삶은 영향을 안 받죠. 처음에는 할 줄 몰라서 시간이 오래 걸렸지만 이젠 책을 녹음하는 시간 포함 한 시간 정도면 충분해요. '책추남처럼 북튜버 되기'를 들으면 반나절 만에 북튜버를 다 할 줄 알게 돼요. 들으신 분들은 어떻게 이렇게 다 퍼주냐며 꿀팁 대방출이라고 좋아하세요. 제가 아는 건 다 알려드리거든요.

이 프로그램의 콘텐츠는 주로 NAVI 브랜드 7단계 전략으로 NAVI 브랜드 전략 맵 완성하기에 집중되어 있어요. 앞서 잠깐 말했지만 최연소로 참가했던 중학교 3학년 학생은 "책추남처럼 북튜버 하는 스킬은 5분이면 다 배워요." 하더군요. 물론 연세가 있고 컴퓨터를 사용해 보지 않은 분들은 좀 더 시간이 걸리지만 결국은 다 하게 돼요. 인형 눈 붙이는 작업하고 똑같은 수준이거든요. 그렇게 업로드하고 나면 성취감에 정말 뿌듯해하세요. 환호성을 지르고 손뼉 치는 경우까지 종종 있지요. 물론 꾸준히 하는 건 또 다른 문제지만요.^^ 그러니까 그동안의 일상생활은 그대로 하면서 큰 변화 없이 충분히 병행 가능하다는 의미예요.

어떤 유튜브를 시작하는 게 좋을까요?

▣ 어떤 유튜브를 시작하는 게 좋을까요?

▣ 자기가 좋아하고 잘하고 보람 있는 거요. 요즘은 슬라임이나 프라모델을 가지고 하는 청소년들도 많고, 개구리를 잡아서 노는 친구들도 있어요. 모기에 물리면서 개구리를 잡는데 반응이 좋더라고요. 내 삶이, 소소한 일상이 콘텐츠예요. 잘 하냐 못하냐는 하면서 배우는 거예요. 자신이 좋아하고 흥미 있는 것으로 시작하는 것이 좋겠지요?

▣ 최근에 많이 뜨는 콘텐츠가 있나요? 앞으로 유망한 콘텐츠는 뭐가 있을까요? 작가님께서 관심 있는 콘텐츠는 어떤 거예요?

▣ 제 관심사가 대중적인 편인지는 모르겠어요. 그래서 최근에 많이 뜨는 콘텐츠는 잘 모르지만, 제 개인적으로 최근에는 자기 최면에 관심이 많아요. 제가 공부하다 보니까 인간의 변화와 성장은 무의식에 어린 시절 각인된 프로그램을 어떻게 다루느냐에 달려있는 것 같아요. 저는 최면 전문가 과정까지 배우고 뇌 과학에도 관심을 가지고 꾸준히 공부하고 있는데요. 7세 이전까지는 아이들의 뇌

파가 주로 델타파나 쎄타파에 머무른다고 해요. 이 뇌파 상태일 때, 잠재의식에 프로그래밍이 가장 잘된다고 합니다. 그래서 7세 이전에 보고 들은 것이 잠재의식 속에 이미지 형태로 그대로 프로그래밍 되는 거죠. 우리 속담에 세 살 버릇 여든까지 간다는 말이 있는 것이 이런 이유 때문이에요. 하지만 성인들은 뇌파 상태가 주로 베타파예요. 이 뇌파 상태에서는 잠재의식까지 메시지가 잘 전달되지 않아요. 그러니까 성인들은 변화가 쉽게 일어나지 않는 거죠. 그래서 최면에서는 트랜스 상태를 유도하고 즉, 뇌파를 알파파, 세타파, 델타파로 변환 시킨 후에 메시지를 전하는 거예요. 그래야 치유나 변화의 효과가 커요. 사람들이 무대 최면을 많이 봐서 오해하는 경우가 많지만, 요즘은 이런 오해들이 조금씩 불식되면서 새롭게 조명 받고 있는 것 같아요. 제가 배워보니까 활용도가 높아요. 자기 최면으로 들어가면 내가 자신감을 올리는 자기 최면, 신체를 이완시키는 자기 최면, 용서를 위한 자기 최면 등을 할 수 있어요. 그래서 변화와 성장을 위한 좋은 도구로 탐구해 나가면서 관련 콘텐츠들도 제작하고 있어요.

책추남의 채널은 어떻게 변화할까요?

📭 작가님의 채널에는 작가님의 인생과 고민, 경험 등 모든 게 녹아 있네요. 이제 마지막 카테고리인데요. 책추남의 채널은 어떻게 변화할까요?

📖 책추남이 추천하는 책들을 통해 사람들이 자기답게 새롭게 피어나는 걸 보는 게 정말 큰 기쁨이에요. 메신저로서 이런 기회를 계속 제공하기 위해서 새로운 플랫폼을 연구해야죠. 시스템도 고민하고요. 구독자들이 자기답게 살아갈 수 있도록 도와드리고 싶어요. 서로 연결해서 함께 토론하고 성장할 수 있는 배움의 장을 제공할 수 있도록 책추남 NAVI 스쿨과 어떻게 연결할지 늘 생각해요. 책추남 NAVI 스쿨은 한 사람의 고유한 잠재성이 아름답게 꽃피워날 수 있는 멋진 성장 환경을 조성하는 평생 교육 플랫폼으로 계속 시대의 변화에 발맞추어 발전해 나갈 계획이에요.

📭 메타버스와 유튜브가 합쳐질까요?

📖 저는 메타버스나 유튜브 전문가는 아니어서 순전히 추측할 수밖에 없긴 한데요. 어떤 형태로든 연결되거나 통합되지 않을까요?

메타버스 안의 콘텐츠로 들어가던지 아니면 구글 안경처럼 VR이 구현 가능한 별도의 장치들을 통해 유튜브 세계를 경험하도록 할 거라고 생각해요. 입장 바꿔 생각해 보면, 그동안 열심히 확보해놓은 고객을 다른 플랫폼으로 놓치고 싶지 않을 테니까요. 메타버스와 가상현실이 대세라면 반드시 이에 대한 대책을 마련하고 있겠지요.

📕 메타버스를 시작해야겠네요. 스터디부터 할까요?

📙 이것도 가서 무조건 먼저 경험해 보세요. 네이버 제페토나 SK의 ifland로 쉽게 시작하실 수 있어요. 이제 1인 1플랫폼의 시대가 아니라 1인 다 플랫폼의 시대이기도 해요.

디지털 변화는 누가 만드는 걸까요?

편 이제 개인 브랜드 시대가 오고 있네요.

책 이미 자기가 브랜드가 되어 살아가는 시대예요. 〈김미경TV〉나 〈신사임당〉 같은 유튜브 채널들이 대표적인 브랜드잖아요. 다가올 미래는 지금과 많이 다를 거예요. 앞서 말했듯이 20세기의 진로 이론 모델은 등반 모델이었지만, 4차 혁명 시대가 본격적으로 도래한 21세기는 변화의 순간순간 유연하게 대응해야 하는 서핑 모델의 시대예요. 다가오는 변화 앞에서 내가 지키고 싶은 가치와 개념을 명료화한 후에 – 이것을 저는 '변하지 않는' 서핑보드라고 비유하는 거고 – 이 서핑보드를 가지고 변화의 물결을 서핑해 나가는 시대예요.

다시 말씀드리지만 사람은 가장 자기다울 때, 자신만의 생체 에너지들이 크게 활성화돼요. 나다우려면 무엇이 나답고, 무엇이 나답지 않은 지 분별할 수 있는 기준이 필요해요. 가장 나다운 것이 매력을 발생시키죠. 나다움이 전자석을 끌어당기듯이 거기에 공명하는 사람들을 끌어와요. 끌어당김의 법칙에 의해 사람을 통한 기회도 오고, 돈도 오고, 여러 가지가 오죠. 그래서 브랜딩은 자기다움과 자기답지 않음을 분별하는 기준을 세우고, 그 기준을 꾸준히 지켜나가는 것이라고 말씀드리는 거예요.

편 그 변화는 누가 만드는 걸까요?

책 우주의 섭리나 흐름도 있을 것 같고, 이미 메가트렌드를 주도하는 구글, 애플, 아마존 같은 거대 기업들이 미래를 만들어가고 있지요. 우리가 알지 못하는 거대한 힘들과 역동들이 작용하고 있는 거라 제가 뭔가를 정확히 안다고 하기는 어려울 것 같아요. 우리가 어렸을 때 봤던 공상 과학 영화가 지금 현실에서 벌어지고 있어요. 팬데믹이 지구를 덮쳤을 때 방독면을 쓰고 손에 컴퓨터를 쥐고 있는 공상 과학 소설이나 영화를 본 적 있으시죠? 지금 한 번 주위를 보세요. 지하철이나 버스에 타 보면 다들 마스크 쓰고 컴퓨터를 손에 들고 있잖아요. 핸드폰 하나로 인공위성의 정보들을 수신하고요. 옛날로 치면 2억 원어치 이상의 기술이 우리 손의 스마트폰 안에 다 들어와 있다고 해요. 과거의 공상 과학 영화에서 보던 모습이 이미 현실화가 된 거죠.

ZOOM으로 전 세계에 있는 사람들과 화상 회의를 하고, 이미 운전자 없이 차를 운전할 수 있는 자율주행 자동차가 나와 있죠. 누가 어떤 시대를 만들고 있을지 예측한다는 건 제 역량으로 말씀드리기는 어려울 것 같아요. 다만 저는 앞으로 다가올 시대의 어떤 변화에도 자기다움과 자신만의 명료한 기준으로 서핑을 하자고 말씀드리는 거예요. 아니면 그 파도에 이리저리 휩쓸려 다니게만 될 테니까요.

사회의 변화 속에서 진로, 즉 취직, 이직, 창업을 어떻게 해야 할까요?

🔲 사회가 변화무쌍해요. 진로를 결정하고, 취직이나, 이직, 창업, 창직을 할 때 어떤 걸 고민해야 할까요?

🔲 변화를 서핑으로 비유하면 파도는 계속 변해요. 변화에 적응하고 변화 속에서 균형을 잡으려면 방법은 하나밖에 없어요. 나의 서핑보드를 갖는 거예요. 파도는 움직이지만 서핑보드는 움직이지 않아요. 움직이지 않는 보드가 없으면 절대로 변화의 파도를 탈 수 없어요. 변화의 파도를 타기 위해 서핑보드를 준비한다는 의미가 바로 기준과 개념과 원칙을 잡는다는 거예요. 그리고 자신의 기준과 개념과 원칙을 실제 삶 가운데 지키며 살아가는 연습을 하는 것은 서핑 스킬을 익히는 것에 비유할 수 있겠지요. 너무 중요한 말이라서 제가 계속 반복적으로 말씀드리고 있네요.

　나는 누군가라는 질문에 대한 기준과 개념, 내가 좋아하는 일, 잘하는 일, 보람 있는 일에 대한 기준과 개념이 정리되지 않은 상태에서 변화에 적응해 나간다는 것은 너무나 힘겨운 일인 것 같아요. 기준을 갖지 않은 사람은 기준을 가진 사람에게 종속되게 되어 있어요. 기준을 가진 자가 강하기 때문이죠. 그래서 독일에서는 "사람은 인생을 살면서 자기만의 철학과 신학의 집을 짓고 그 집안에서 살아야 된다."고 얘기를 해요. 그렇지 않으면 남의 철학과 기준 속에서 계속 세 들어 살게 되죠. 다시 강조하지만, 변화에 적응하는 유일한 길은 자신만의 기준과 개념을 잡는 겁니다.

내가 적극적으로 찾아야 하는 직업 영역이 엄청나게 변화하고 있어서 많은 사람들은 이 변화에 적응하지 못한 채 불가피하게 내몰려서 이직을 해요. 주도적으로 이직하는 사람은 많이 없을 것 같아요. 사실 저를 포함한 대부분의 평범한 우리는 선택권이 거의 없지 않나 싶어요. 이건 누구를 탓하는 게 아니라 우리가 받아온 교육 자체가 그래요. 깊이 사유할 줄 알고 변화를 주도할 수 있는 사람을 길러내는 교육이 아니에요.

지금의 학교 교육은 독일의 전신 국가였던 프로이센의 군사 교육에서 유래했다고 『부자 아빠 가난한 아빠』의 로버트 기요사키는 말해요. 그의 책 『부자 아빠의 자녀 교육』을 참조해서 말씀드리면, 국가가 인재를 양성하는 교육에는 크게 세 가지가 있다고 해요. 첫째 사유하는 교육, 변화를 주도하는 교육은 제왕학에서나 가르쳐온 최고급 교육이죠. 소위 얘기하는 왕도 교육이요. 왕도 교육 밑에 그 국가의 시스템을 떠받치는 인재들을 양성하는 전문가 교육이 있어요. 법률가, 의사, 세무사 등의 교육을 의미해요. 그리고 그

아래는 국가가 원하는 대로 세금을 내고 전쟁에서 목숨을 던질 수 있는 사람들을 양성해 내는 서민 교육이 있는데, 대부분의 우리는 서민 교육을 받은 사람들이죠. 내가 누구인지 스스로 깨달아서 내 삶의 주도권을 가지고 무언가를 선택하고 책임지며 살아간다는 건 제왕학 교육을 받은 사람들이나 할 수 있는 라이프 스타일일지도 몰라요. 하지만 최소한 내 삶에서는 내가 제왕으로 살아야죠. 내 삶의 주도자로 살아야죠. 그런 의미에서 책추남 NAVI 스쿨의 교육은 제왕학 교육이라고 할 수 있을지도 모르겠네요. 내 삶의 제왕이 되는 교육, 말해 놓고 보니 그럴듯하네요.^^

북튜버는 누구나 쉽게 시작할 수 있어요.
자신이 좋아하는 책으로 시작하면 되는 거예요.

하버드 대학원에서 어떤 공부를 하셨나요?

 하버드 대학원을 졸업하셨어요. 어떤 공부를 하셨나요?

 저의 경우 전공이 직접적으로 직업과 이어졌다고 보기는 좀 어려울 것 같아요. 저는 원래 대학교에서는 경영학을 전공했는데, 사실 정말 좋아하는 게 뭔지를 몰라서 경영학과에 진학했어요. 그때 운이 좋아서 법대, 의대에 모두 진학할 수 있는 수능 성적을 받았었는데, '진짜 원하는 걸 찾으려면 경영학과를 가라'는 어떤 책의 한 구절 때문에 부모님이 원하는 법대와 의대를 마다하고 무작정 경영학과에 진학했고, 경영학과의 특성상 여러 학문 분야에 대해 이것저것 다양하게 경험할 수 있었어요. 수학 과목의 경우 의대생들과 함께 수업을 듣기까지 했으니까요. 국제 경영과 경영 전략을 전공으로 경영대학원 석사를 마치고 다시 유학을 갔는데, 어쩌다… 진짜 어쩌다예요. 그렇게 어쩌다가 반기문 전 UN 사무총장이 졸업한 하버드 케네디스쿨에서 공공행정학을 공부하게 되었어요. 제가 갖고 있는 두 개의 석사 학위가 경영학 석사Master of Business Administration, 공공행정학Master of Public Administration 석사네요.

유학하고 돌아온 후에는 어떻게 보내셨어요?

편 하버드 케네디스쿨에서 공부하고 귀국하신 후에는 어떻게 보내셨어요?

책 저는 사실 교육학 박사를 지원해서 합격도 했었는데 말씀드렸듯이, 어쩌다 하버드 케네디스쿨에서 공부하게 되었고, 가서 공부해 보니까 교육 정책을 바꾸는데 정말 오랜 시간이 걸린다는 걸 알았어요. 『부자 아빠 가난한 아빠』의 저자로 유명한 로버트 기요사키Robert Toru Kiyosaki는 교육 정책이 바뀌는 데는 50년이 넘게 걸린다고 말하기도 했지요. 시스템을 움직이는 건 그 사회를 움직이는 소위 기득권이에요. 우리는 단편적으로 교육에 대해서 고민하지만 사실 교육도 그 시스템 안에 포함되어 있죠. 한 가지가 따로 떨어져서 움직이는 게 아니라 모든 정책이 시스템을 유지하기 위한 항상성의 구조 안에서 움직이기 때문에 우리가 아무리 외쳐도 변화하기가 어려운 거예요. 그렇잖아도 인내심이 많지 않은 제가 50년을 기다릴 생각을 하니 막막하더라고요. 그래서 '우리나라의 교육을 바꿀 수 있는 사람들이 누구일까?'라고 고민했더니 엄마들인 거 같았어요.

그래서 엄마들의 의식 전환 교육이 필요하다고 생각했죠. 에듀베리 교육연구소를 설립하고 어린이들을 위한 『행운의 고물토끼』, 청소년들을 위한 『꿈을 이루는 6일간의 수업』, 학부모들을 위한 『엄마 투자가』라는 주식 투자의 지혜를 교육 투자의 지혜로 적용시킨 자녀 교육서들을 쓰면서 몇 년 동안 전국 각지를 돌며 공공기관과 초중고, 대학교, 영재교육원, 대기업 등에서 학생 교육은 물론 교사, 교수, 부모 교육도 많이 했어요. 그런데 이때 진정성과 실력, 중요한 메시지만으로는 무언가를 변화시키기에 충분하지 않다는 것을 깨달았어요. 눈앞에 당장 먹고사는 문제가 해결이 안 되면 아무리 좋은 얘기를 해도 좋은 이야기라고 동의는 하면서도 선생님들이나 부모님들은 단기적으로 당장 눈앞에 좋은 학교를 가기 위해 성적을 올리고 학원 보내는데 급급할 수밖에 없더라고요.

그러다가 어쩌다 지인을 통해서 브랜드 컨설팅 회사에 가게 됐고, 또 어쩌다 한국에서는 한동대학교에서 처음 열렸던 슈퍼 캠프Super Camp에 초대받아 참관하러 갔다가 그 당시 고등학생 참가자로 어쩌다 만나 알게 된 후배의 소개로 국제학교 최고 전략 책임자CSO 및 헤드 칼리지 카운슬러로 일을 하기도 했고 또 어쩌다 친구의 권유로 북튜버를 하게 됐죠. 정말 좋은 책인데도 불구하고 절판되어서 안타까운 마음에 절판 도서들을 되살리기 위해 시작하게

• 공공기관과 초중고, 대학교, 영재교육원, 대기업 등에서 강연했다.

된 '〈책추남TV〉좋은 책 살리기' 프로젝트를 진행하다 보니 최근
에는 생각지도 못하게 또 어쩌다 출판 법인의 대표가 되기도 했네
요. 말씀드리다 보니 제 인생 자체가 정말 '어쩌다' 시리즈 인생이
네요.^^

자기 자신에 대해 어떻게 잘 알 수 있었나요?

편 작가님을 만나보니 자신이 하는 고민들을 적극적으로 해결해 오신 분 같아요. 자기 자신에 대해 어떻게 잘 알 수 있었나요?

책 고통스러웠어요. 어렸을 때부터 제 자신에 대해서 많은 고민을 할 수밖에 없었어요. 예를 들어 국어의 경우, 윤동주 시인을 너무 좋아했는데 학교에서는 시험에 나온다며 줄 치고 별표 하면서 단편적인 암기식으로 가르쳤죠. 못 외우면 맞으면서요. 영어는 중학교 입학 전에 의사이신 이모부가 무주 구천동에서 보건소장을 하실 때 합숙을 해가면서 영어 교과서를 달달 외웠지만 미국의 세 살짜리 아이보다 영어를 못 하는 게 답답했죠. 중2 때 엄마가 제 손을 잡고 훌륭한 분을 만나러 가자고 하셨는데, 가보니 『수학의 정석』 저자 홍성대 선생님이었어요. 그분을 만나서 사인을 받은 게 제 인생 최초의 저자 사인이에요. 그런데 솔직히 저는 지금까지도 의문이에요. 내가 배웠던 수학을 삶의 어느 부분에서 활용하고 있을까? 물론 공대에 가고 수학자가 되는 사람들도 있겠지만 인생에서 정말 필요한 수학적 사고를 우리나라 수학 교육에서 배우는 사람이 얼마나 될까요? 그래서 저는 부모님과 갈등이 참 많았어요.

이런 교육을 받으면서 자라는 동안 감수성 예민한 마음에 상처를 너무 많이 받아서 힘들었거든요. 그러니까 명문대학교를 강요하시는 부모님과 갈등이 생길 수밖에 없었겠죠?

저는 인생에서 소중하다고 하는 걸 많이 잃어봤어요. 어떤 후배가 얼마 전에 자기가 너무 평범하게 사는 거 같다고 하길래, "평범하게 산다는 게 얼마나 어려운 일인지 아니?"라고 말해줬어요. 평범하려면 가족이 무탈해야 되잖아요. 경제적으로 너무 곤궁하지 않아야 하고 건강에 이슈가 없어야 해요. 어느 정도 살아보니 무탈하게 평범한 삶을 살기가 참으로 어렵다는 걸 체감하죠. 저는 가까운 이를 죽음으로 잃어 봤고, 집안의 엄청난 경제적 손실도 경험해 봤고, 군대에서 허리를 다쳐서 하반신을 못 쓴다는 얘기까지 들을 정도로 다쳐도 봤어요. 그런 여러 가지 경험들이 너무 고통스러웠기 때문에 질문하지 않을 수 없었어요. 그 속에서 정말 많이 헤고, 생각했고, 닥치는 대로 책을 읽었고, 많이 돌아다녔죠. 그러니까 저를 몰아간 건 고통이에요. 제가 멋있거나 똑똑해서 질문을 던진 게 아니라 상황에 밀려서 어쩌다 보니 이렇게 되었네요. 이것도 '어쩌다'일까요?

제일 감명 깊게 읽는 책은 어떤 건가요?

📭 작가님께서 제일 감명 깊게 읽은 책은 어떤 건가요?

📕 『갈매기 조나단』, 『꽃들에게 희망을』 이런 책이에요. 제가 예전에 부모님과 주위 어른들에게 질문했어요. "삶의 의미는 도대체 뭘까요?", "왜 살아야 하죠?" 그럼 제 주변 어른들은 "우선 공부나 해.", "좋은 대학부터 가고 나서 고민해."라고 대답하셨죠. 그 당시에는 이런 대화를 나눌 상대가 없었어요. 그래서 제가 『갈매기 조나단』에 공감했고, 애벌레와 나비 이야기에 크게 공명했던 것 같아요. 책을 읽으면 그 안의 주인공들과 공감이 되는 거예요. 그런 고민들이 깊어지면서 책을 많이 읽게 됐고, 만화책도 엄청 좋아해서 정말 많이 봤죠.

　『더 리치』라는 책에 이런 내용이 나와요. 대부분의 사람들은 존재Being, 행위Doing, 소유Having 중에서 소유를 먼저 묻는다고 해요. 저는 『더 리치』로 재간되기 전 버전인 『욘스 마인드』를 가지고 있는데, 이 책에서 작가가 멋진 얘기를 해요. 개인적으로 『욘스 마인드』의 번역을 더 좋아해서 『욘스 마인드』로 소개해 드려요.

당신이 정말 어떤 사람이기를 원하고 어떤 일을 하고 싶고 또 무엇을 간절하게 원하는지 찾아라. '~이고 싶고(존재), ~하고 싶고(행위), ~을 갖고 싶다(소유)'의 순서로 자신에게 질문하라. 당신이 되길 바라는 그런 사람은 자신이 무엇을 원하고 무엇을 하고 싶고 또 무엇을 갖고 싶은지 스스로 결정할 수 있는 사람이어야 한다. 그러나 많은 중산층 사람들은 이 순서를 거꾸로 생각한다. 그들은 무엇을 갖고 있느냐가 자신이 무엇을 하느냐를 결정하고 자신이 무엇을 하느냐에 따라 자신이 어떤 인간인지 결정된다고 믿는다. 삶을 이런 식으로 바라보다 보면 혼란스럽게 살아가기 마련이다. 내가 누구인지에 따라 내가 무엇을 하고 무엇을 얻는지가 결정되는 것이다. 그 반대가 아니다. '내 삶은 어떤 의미가 있지?'라고 묻는 게 아니라 '어떻게 하면 내 삶을 의미 있게 만들 수 있지?'라고 물어야 한다. 왜냐하면 이 두 번째 질문이 훨씬 강력한 힘을 당신에게 주기 때문이다. 두 번째 질문에 제대로 대답하게 되면 첫 번째 질문에 대한 대답은 저절로 나오게 된다. 자신에게 힘을 주는 질문 중 가장 중요하고 강력한 것은 '내가 지금 어떤 사람이 되어가고 있는가?'이다. 수 세기 동안 사람들은 스스로에게 '내가 누구지?'라고 자문해왔다. 자 이제 그 질문을 조금만 바꿔보자. '난 지금 어떤 사람이 되어가고 있는 거지?' 만일 이 질문에 당장 대답할 수 없거나 대답한 내용이 썩 내키지 않을 때는 스스로에게 이렇게 한번 물어보라. '난 어떤 사람이 되고 싶은 거지?' 그리고 자신이 되고 싶다고 대답한 그 사람이 되기 위해 뭐든지 하라. 부자가 된다는 것은 '~이 되고 ~을 하고 ~을 갖는 과정이다.'

– 출처: 『욘스 마인드』, 키스 캐머론 스미스, 비전코리아 p.198~201

정말 무릎을 '탁' 치게 하는 탁월한 통찰입니다. 여러분도 이 책에 나온 그대로 다음 질문에 꼭 답해보세요.

존재의 질문

'나는 어떤 사람이 되고 싶은가?'
'왜 그런 사람이 되고 싶은가?'
'어떻게 하면 그런 사람이 될 수 있는가?'

행위의 질문

'난 무엇을 하고 싶은가?'
'왜 그걸 하고 싶은가?'
'어떻게 하면 그걸 할 수 있는가?'

소유의 질문

'얻고 싶은 게 무엇인가?'
'왜 그걸 얻고 싶은가?'
'어떻게 하면 그걸 얻을 수 있는가?'

청소년에게 북튜버를 추천하시는 이유가 있나요?

편 작가님께서는 청소년을 대상으로 북튜버 강의도 하셨어요. 청소년에게 북튜버를 추천하시는 이유가 있나요? 청소년 북튜버가 되면 그 채널은 어떤 장점이 있을까요?

책 가장 기본적인 이유는 저처럼 좋은 책도 읽고 소개할 수 있다는 것이겠죠? 그런데 이것보다 한 걸음 더 나아가 실전 비즈니스 감각을 익힐 수 있는 정말 좋은 기회이기 때문이에요. 앞서 말씀 드렸듯이 무자본, 무리스크로 시작할 수 있는 북튜브 채널 하나를 운영해 본다는 것은 브랜드 전략, 광고 마케팅 전략, 매니지먼트 등 다양한 실전 경영 경험을 체화할 수 있는 좋은 기회가 되기 때문이지요.

유대인들은 어린 시절부터 투자와 창업을 통해서 실전 돈 공부를 일찍 시작하고 그 결과 구글, 스타벅스를 비롯한 세계적인 기업들, 골드만삭스 JP모건과 같은 세계적인 투자 회사들이 다 유대인 소유지요. 대한민국은 미국이나 이스라엘처럼 이런 실전 경험을 할 수 있는 기회가 상대적으로 적기 때문에, 자신만의 북튜브 채널을 운영한다는 것은 미래 준비에 정말 유익한 기회가 되리라고

• 세바시 청소년 캠프

생각합니다. 더군다나 아직 청소년 북튜버는 많지 않아서 먼저 시
작하면 좋은 기회가 되겠지요?

마음의 장벽은 어떻게 극복하면 좋을까요?

📝 이 책을 읽는 청소년 중에는 작가님이 특별해 보여서 북튜버의 벽이 높아 보이는 사람이 있을 것 같아요. 그 마음의 장벽은 어떻게 극복하면 좋을까요?

📖 아, 그렇게 보일 수도 있으려나요? 혹시나 그런 편견을 가지고 있다면, 싹 날려버리시길 바라요. 북튜버는 누구나 될 수 있다는 것을 강조 드리고 싶어요. 북튜버는 북 큐레이터의 역할을 하게 되는 것이니까요. 내가 피카소나 고흐 같은 위대한 화가가 아니더라도 작품을 잘 소개하는 좋은 미술관 큐레이터가 될 수 있는 것처럼, 내가 직접 책을 쓰지 않거나 내 스펙이 좋지 않아도 좋은 책을 나만의 스타일로 얼마든지 소개할 수 있는 일이 바로 북튜버이기 때문이지요.

어떤 고민과 노력을 해야
자유로운 인생을 살 수 있나요?

편 청소년 시기에는 어떤 고민과 노력을 해야 작가님처럼 자유로운 인생을 살 수 있나요? 작가님이 청소년 시기로 돌아간다면 어떤 하루하루를 보내고 싶으세요?

책 만약 타임머신이 있다면?이라는 재미있는 질문이신 거죠? 사실 한국에서 제가 겪었던 학창 시절을 다시 겪고 싶지 않네요.^^; 그래도 말 그대로 만약이니까 지금의 경험과 통찰을 가지고 청소년기로 돌아갈 수 있다면, 먼저 앞서 말씀드린 질문들을 스스로에게 꾸준하게 던져볼 것 같아요. '나는 어떤 존재가 되고 싶은가? 나는 그 존재로서 무엇을 하고 싶은가? 나는 그 존재로서 그것을 하기 위해 무엇을 가지고 싶은가? 성공이란? 행복이란? 자유란? 돈이란?' 등등의 질문들을 다음 세 가지 만남을 통해 함께 토론해 보고 싶어요. 좋은 책, 좋은 코치, 좋은 공동체와의 만남을 통해서요. 그리고 마음공부, 돈 공부, 사람 공부를 어린 시절부터 균형 있게 해나가면서 메신저로 자유로운 미래를 준비해 볼 것 같아요. 너무 메신저 북튜버다운 답변이었을까요?^^

📖 마지막 페이지네요. 독자들에게 인사 말씀해 주세요.

📘 청소년 시절, 비전과 꿈을 찾고 싶어서 간절히 기도했던 적이 있어요. 많은 성공학 책들을 보면 어릴 때부터 목표를 뚜렷하게 정하고 한 길만을 오롯이 걸어서 성공한 사람들의 이야기가 가득했거든요. 그래서 저도 그렇게 되어야 한다는 강박관념에 시달리게 되었어요. 그런데 그런 사람들처럼 안 되는 것 같아서 답답했어요. 지금 돌아보면 삶이 어떻게 펼쳐지는지 잘못 알려주는 정보였던 거죠. 감수성이 섬세한 저로서는 학교생활이 너무 힘겹기만 한데 모든 고통을 감내하고 명문대에 가야 한다고 밀어붙이는 사회적 압박이 너무 숨 막혔어요. 그때 간절히 기도하는 가운데 뚜렷하진 않지만 희미한 이미지 두 가지를 어렴풋하게 보았던 것 같아요. 보았다고 표현하기도 어렵고, 그냥 희미하게 느껴졌다는 표현이 더 적절할지도 몰라요.

첫 번째 이미지는 사람들이 태양이 떠오르고 있는지도 모르고 태양을 등지고 어둠 속에 고개를 파묻고 쪼그리고 앉아 있는 모습인데, 제가 가서 그 사람들의 어깨를 톡톡 치면서 "저기 태양이 떠오르고 있어요."라고 알려주는 이미지였어요. 지금 와서 그 이미지를 해석해 보면, 제 목소리가 유튜브 플랫폼을 타고 어둠 속에서 고개를 파묻고 쪼그리고 앉아 진정한 자기로 살지 못하고 애벌레로,

미운 오리 새끼로 살고 있는 분들께 전해져 그분들의 어깨를 톡톡 두드리며 "보세요. 진정한 나로 살아갈 수 있는 자신의 내면의 태양이 떠오르고 있어요. 이제 더 이상 애벌레나 미운 오리 새끼로 살지 말고, 떠오르는 자신의 내면의 태양을 바라보며 나비로, 백조로 날아올라 보세요!"라고 속삭여주고 있는 건 아닐까 하는 생각이 들기도 해요.

또 하나의 이미지는 제가 학교 운동장 한가운데에 서 있는데, 전 세계 아이들이 제게 원형으로 달려오는 모습의 이미지인데요. 유튜브를 통해 전 세계에 있는 구독자들이 제게 달려오는 것을 상징하고 있다고 생각해 볼 수도 있을 것 같아요. 어린 시절엔 상상도 할 수 없는 메신저 북튜버가 되었지만, 어떻게 보면 그것은 이미 청소년기에 저의 미래 이미지가 제 안에 솟아 나왔고, 지금 현시대에 맞게 발현된 것인지도 모르겠다는 생각이 드네요. 책추남이 메신저로 여러분께 전해드리고 싶은 지혜는 다음과 같습니다.

모든 위대한 종교의 지혜는 공통적으로 우리 안에는 '거짓 나'와 '참된 나'라는 두 가지의 '나'가 있다고 입을 모아 말해요. 예를 들면 유교에서는 소인小人과 대인大人으로, 불교에서는 가아假我와 진아眞我로, 유대 기독교 문화에서는 옛사람과 새사람으로 표현하고 있지요. 저는 이를 소문자 에고ego와 대문자 셀프SELF로 표현하는데, 이해를 돕기 위해 위의 개념을 정리하여 그림으로 나타내보면 다음과 같아요.

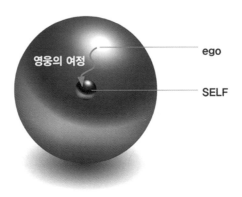

저명한 정신분석학자 칼 융은 인간의 삶을 구 표면의 에고 나Ego I에서 구 중심의 셀프 나SELF I를 찾아가는 여정이라고 말했지요. 조지 루카스라는 희대의 영화감독에게 영감을 불러일으켜 『스타워즈』를 만들게 한 장본인이며, 20세기 최고의 신화 해설가, 비교 신화학자였던 조셉 캠벨은 이를 '영웅의 여정Hero's Journey'이라 명명했어요. 우리가 잘 알고 있는 『미운 오리 새끼』, 『해리 포터』, 『갈매기의 꿈』, 『매트릭스』, 『라이온 킹』과 같은 동화와 신화적 이야기 속에 담긴 이야기, 미운 오리 새끼가 자신의 진짜 정체성인 백조를 찾아가는 여행, 피노키오가 사람이 되어 가는 여정, 애벌레가 나비로 날아오르는 과정 등이 바로 상징적으로 이 영웅의 여정을 나타내는 것이지요. 이를 정리하면 다음 도표와 같아요.

	ego	영웅의 여정	SELF
미운 오리 새끼	미운 오리		백조
해리 포터	찌질한 고아		위대한 마법사
라이온 킹	한심한 사자		위대한 왕
메트릭스	평범한 프로그래머		리오: 구원자
갈매기의 꿈	갈매기 떼		위대한 갈매기
피노키오	꼭두각시 인형		사람
신데렐라	재투성이 하녀		공주
미녀와 야수	야수		왕자
꽃들에게 희망을	애벌레		나비
불교	가아		진아
유교	소인배		군자
기독교 (유영모)	걸 사람 & 옛 사람 (제나)		속 사람 & 새 사람 (얼나)

하지만 이러한 영웅의 여정은 결코 특별한 영웅에게만 해당하는 삶이 아닙니다. 우리 모두가 각자 자기 자신의 인생 여정에 있어서 영웅이라는 의미예요. 조셉 캠벨은 영웅의 여정으로 상징되는 인간에 인생에 대해 다음과 같이 말했지요.

"인간의 인생이란 곧 영웅의 여정이다. 영웅이란 스스로의 힘으로 자아 극복을 위한 기술을 완성한 인간이다."

"영웅Hero이란 자기만의 길을 걸어가는 사람, 자신만의 블리스 Bliss, 천복, 지복, 경외감, 매혹, 신비, 희열 등의 의미를 포함를 찾아 그 길을 따라 걷는 사람, 수많은 사람들이 세상의 거대 흐름에 휩쓸려 무엇을 위해 태어났는지조차 가늠하지 않고 급류에 휩쓸려 갈 때, 그 흐름에 대항하여 태어난 고유 의미를 찾아 남들이 가지 않는 길을 가는 사람이야말로 진정한 영웅이라고 한다."

"영웅적인 모험 여행, 그 목적지는 바로 당신 자신이다. 당신 자신을 발견하는 것이다."

책추남은 궁극적으로 여러분이 바로 자신만의 영웅의 여정을 걸어갈 수 있도록 돕는 길라잡이 메신저가 아닐까 해요.

〈책추남TV〉에 대해 조금 더 설명해 드리면 할리데이비슨이라는 오토바이 브랜드 아시죠? 이름을 듣는 것만으로 벌써 굉음의 오토바이 소리와 검은색 가죽 재킷, 오토바이를 타는 자세 등이 떠오르지 않나요? 그런데 브랜드 관점에서 할리 데이비슨은 오토바이를 팔지 않습니다. '자유Freedom'을 팔지요. 마찬가지로 브랜드 관점에서 책추남은 북튜버가 아니에요. 책추남은 '나로 살아가는 기쁨과 즐거움'이에요. 시대에 맞게 현재 유튜브에서는 〈책추남TV〉

로 구현이 됐다면 메타버스에서는 또 다르게 구현이 되고 오프라인에서는 또 다른 무엇으로 구현이 되고 이런 식으로 변화하고 진화해 나갈 거예요.

📖 다른 사람에게 좋은 영향을 주고 싶다고 생각하게 된 계기가 있나요?

📕 제가 졸업한 하버드 케네디스쿨의 모토가 '더 나은 세상을 만들어라 Make the World a Better Place'예요. 저는 한국에서 대학 다닐 때는 학교 차원에서 그런 얘기를 못 들어봤는데, 하버드 케네디스쿨에서 제가 받은 메시지는 다음과 같았어요. "우리가 당신을 선택한 이유가 있다. 우리는 세상을 변화시킬 건데 세상을 변화시키는 가장 큰 힘은 리더십이라고 생각한다. 그게 우리가 당신들을 선택한 이유다. 그리고 우리는 우리의 선택을 절대 후회하지 않는다." Make the World a Better Place, 세상을 더 나은 곳으로 만들어라. 이 얘기를 귀에 못이 박히도록 들었죠. 저는 원래부터 그런 마음이 강한 사람이었는데 하버드 케네디스쿨의 모토와 잘 맞았던 것 같아요. 그렇다고 이타주의에 너무 매몰되어선 안 된다고 생각해요. 모든 일에는 균형이 중요하고, 마찬가지로 이타주의와 이기주의도 균형을 맞춰야 해요. 균형을 잡으려면 기준이 있어야 하죠.

좀 더 어린 시절에는 좋은 세계에 대한 강렬한 동경으로 희생도 많이 했던 것 같은데, 지금은 저 자신도 충분히 돌보면서 조화로운 균형을 추구하고 있지요.

이런 이야기가 있어요. "어떤 사람이 죽기 전에 20대 때는 세계를 변화시키고 싶었고, 30대 때는 나라를 변화시키고 싶었고, 40대 때는 동네를 변화시키고 싶었고, 50대가 돼서 가족을 변화시키고 싶었고, 죽을 때가 되고 나니 나 자신이나 변화시킬 수 있었으면 좋았을 걸 하고 후회했다." 이 이야기처럼 나 먼저 변해야 해요. 내가 좋아하는 일을 하면서 스스로 행복할 수 있어야 다른 사람들에게도 적극적으로 이야기할 수 있는 것 같아요. 나 자신이 불행하면서 다른 분들에게 행복해지라고 말할 수는 없으니까요.

편 저는 작가님과 인터뷰를 준비하고 진행하면서 책 낭독도 시작하고, 브런치에 글쓰기도 시작했어요. 고민하면 1cm도 앞으로 나아가지 않지만, 시도했다 실패하는 건 단 몇 미리라도 앞으로 나아가는 움직임 같아요. 아이들을 세 명 키우는 저도 아이들의 미래만큼 제 진로에 대해 고민만 했지, '다 해보자.'라는 생각을 해 본 적이 없어요. 뭘 자꾸 선택하려고 하고, 어떤 걸 포기해야 할지 고민했어요. 작가님께서 하신 말씀들은 작가님의 인생 경험과 지성, 많은 고민들이 합해져서 나온 결론이겠지만, 정말 신기한 건 저의 경험과 지식들, 고민들을 합쳐서 내린 결론도 작가님과 비슷한 거 같아요. 우리와 같은 고민을 하는 사람들이 정말 많을 것 같아요. 아니면 이 고민은 누구나 거쳐야 하는 관문 같은 건가요?

책 각자 살아가는 인생에 구성요소나 경험은 다를 수밖에 없지만 살아가는 삶의 테마는 모두 같다고 이야기해요. 앞에서 자세히 말씀 드렸듯이 위대한 신화학자 조셉 캠벨은 이것을 진정한 자기 자신에게 이르는 위대한 여정이라고 말하며 '영웅의 여정'라고 명명했어요. 편집장님은 편집장님만의 삶을 통해 저는 저만의 삶을 통해 영웅의 여정을 걸어가는 거죠. 그리고 그 여정의 도달점은 '진정한 나'라는 백조가 되는, 나비가 되는 것이라는 같은 곳이니까 편집장님이 하시는 말씀에 동의해요.

편 작가님을 만나는 사람들은 복잡하고 어려운 질문들을 스스로 던져야 하니까 힘들겠어요. 그렇지만 그 질문에 대한 답을 찾아가면서 나를 만날 수 있을 테니 분명히 행복할 거예요. 책을 사랑하고 읽고 그 지혜를 나누는 북튜버는 결국 이 세계와 사람들을 사랑하는 직업이네요. 사람들을 사랑하지 않고, 지혜를 사랑하지 않고, 이 세상을 사랑하지 않으면 어떻게 이 일을 감사하고 즐겁게 지속할 수 있겠어요?

책 한 가지 정정하면 단순하지만 어려운 질문이라고 하는 게 맞겠지요? 한국에서 교육받고 자란 분들은 이 질문들에 많이들 머리 아파하는 거 맞아요. 물론 재미있어하는 분들도 있고요. 그래서 가랑비에 옷 젖 듯, 책추남 NAVI 스쿨이라는 시스템 안에서 함께 책 읽고 토론해 나가면서 그 질문들을 탐구해 나가는 거죠. 이 질문들은 분명히 우리는 '진정한 나다움으로, 매력적인 나다움'으로 이끌어주니까요. 북튜버라는 직업이 제가 저를 사랑하고 세상을 사랑하는 하나의 방법이라고 보시는 건 좋은 통찰이신걸요?

편 진로 즉, 취직과 이직과 전직, 창업과 창직을 고민하는 독자 여러분, 우리 각자의 튼튼한 서핑보드를 갖고 변화무쌍한 이 파도를 넘어볼까요? 큰 파도, 작은 파도, 나를 즐겁게 하는 파도, 나를 쓰러뜨리는 파도 등 너무 다양하겠지만 결국 내가 꼭 잡고 있어야 하는 건 나만의 서핑보드네요. 자기 자신이라는 브랜드, 자기 자신이라는 콘텐츠가 그 보드라는 걸 이 책을 통해 배웠습니다. 적어도 이 책을 읽는 독자 여러분께서는 '나는 이런 차를 갖고 있는 사람이야.', '나는 이런 집을 갖고 있는 사람이야.', '나는 이런 명품을 가진 사람이야.'라고 자신을 규정짓는 일은 없을 거예요. 우리는 많은 고민을 했고, 많은 답을 얻었다고 생각합니다. 우리가 고민해야 할 건 변화, 그리고 나의 탄탄한 서핑보드예요. 밖에서 찾지 맙시다. ^^ 『어쩌다 북튜버』의 저자 책추남 조우석 코코치님과 소중한 시간이 었습니다. 작가님의 북튜버 되기 노하우, 그리고 지혜를 나누어 주셔서 감사합니다. 조우석 작가님 기다리세요! 열심히 해보고 저희들의 지혜를 나누어 드릴 테니까요. ^^

📖 저도 생각보다 고된 작업이었어요. 인터뷰만 하면 다 되는 줄 알았다가 일일이 다시 문장을 가다듬고, 순서도 다시 쓰고, 결국 밤을 새워서 마무리 지었는데요. 이 과정을 통해 제 메신저 라이프의 한 축인 북튜버 라이프를 정리할 수 있어서 저에게도 큰 도움이 되었네요. 저의 소박한 경험이 여러분의 삶에 나비 효과를 일으킬 수 있는 작은 나비의 날갯짓이 될 수 있다면 좋겠습니다. 좋은 기회 마련해 주셔서 저도 감사드려요!

📖 『어쩌다 북튜버』는 이것으로 마치겠습니다. 여러분, 그리고 책추남 조우석 작가님, 여기까지 함께 와 주셔서 감사드립니다. 이 세상의 모든 직업이 여러분을 향해 문을 활짝 열 수 있도록 잡프러포즈 시리즈는 멈추지 않고 열심히 달려갑니다. 독자 여러분, 다음 시리즈도 기대 많이 해주세요.

책추남
NAVI 스쿨
참가자 후기

Q. 책추남이 궁금할 때, 마음 가볍게 만나고 싶다면?

A. 1학년 과정 '책추남 정모'에 오세요. 매달 셋째 주 토요일 오후 3~6시에 진행됩니다. 좋은 책 한 권을 선정해서 책을 주제로 함께 이야기 나누고 즐거운 보드게임도 즐기며 새로운 사람들을 만날 수 있어요. 선정 독서를 읽거나 〈책추남TV〉 영상을 들어보고 부담 없는 마음으로 한 번 놀러 오시면 된답니다.

> "유튜브에서 듣지 못했던 이야기들, 그간 머릿속에서 궁금했던 질문들이 상당히 해결되는 시간들이었습니다. 무엇이 우선이고 무엇이 나중인지 Being, Doing, Having에 대한 나름대로 기준이 탄생한 만남이었습니다."
>
> 👤 '책추남 정모' 참가자 이충근 님

• 책추남 정모

• 책추남 정모 – 돈의 속성 저자 김승호 회장님과 함께

Q. 책추남이 궁금한데, 오프라인에 올 상황이 안 될 때는?

A. 1학년 과정 '책추남 토요 온라인 북코칭'이 매주 오전 7~7시 30분에 ZOOM으로 열린답니다. 내공 깊은 책들을 한 장 한 장 함께 나눠갑니다.

• 토요 온라인 북코칭

"저에게 '토요 온라인 북코칭'은 가랑비에 옷 젖듯이 마음공부를 할 수 있는 시간입니다. 정해진 책의 한 챕터씩 진도라 부담 없이 참여할 수 있고, 코코치님의 귀한 메시지와 참여하신 분들과의 교감과 공감을 통해 머리로 이해되던 것들이 가슴으로 내려와 체화되는 귀한 시간입니다. 어느 때부터 매주 토요일 아침 7시를 설레며 기다리고 있답니다."

👤 '책추남 토요 온라인 북코칭' 참가자 이동채 님

Q. 책추남처럼 북튜버가 되고 싶을 땐?

A. 2학년 과정 '책추남처럼 북튜버 되기'에 오시면 됩니다. 보통 매달 마지막 주 토요일 오전 9~12시까지 진행됩니다. 세상에서 가장 쉽고 간단하고 빠르게 북튜버가 될 수 있는 꿀팁들과 NAVI 브랜드 7단계 전략으로 북튜버가 되는 심리적 장벽을 무너뜨리고, 자신의 북튜브 채널의 방향성은 물론 삶의 방향성까지도 잡아볼 수 있는 멋진 기회를 경험할 수 있습니다. 무엇보다 가장 큰 매력 중 하나는 반나절 만에 북튜버가 되는 성취의 기쁨을 맛볼 수 있다는 것이지요?

"북튜버 되기, 과연 세 시간 동안 할 수 있을까? 도착 전에 갑자기 의구심이 들었지만 그건 작은 오해였어요. 코코치님의 경험치를 녹인 가장 쉽고 효과적인 방법을 통해 금방 유튜브에 나의 영상을 올린다는 게 아직도 신기합니다.^^! 쉽고 즐거워서 수업 내내 처음 본 분들과 깔깔거리고 웃은 기억이 가장 많이 납니다. 코코치님의 전공인 브랜드 전략을 유튜브에 접목했고 이것을 모든 일에 접목하라는 말씀 꼭 잊지 않도록 하겠습니다. 너무 쉬워서 노력한 게 없습니다. 하지만 마치 삶이 확장된 느낌에 가슴이 설레었습니다. 유튜브에 관심 있는 분들, 책 사서 공부하지 마시고 모집하면 그냥 강의 신청하세요! 코코치님, 파워풀하고 풍부하고 세심한 강의 감사합니다. 아... 재밌었습니다.^^"

👤 '책추남처럼 북튜버 되기' 참가자 조앤월드 님

"안녕하세요! '책추남처럼 북튜버 되기' 23기에 참여한 중학교 3학년 오서현입니다! 일단 전 엄청 게으르고 작심삼일이 기본이에요. 북튜버를 신청하면서도 '이걸 꾸준히 할 수 있을까?' 하는 걱정이 있었는데요. 결론부터 말하자면 걱정을 할 필요가 없었습니다! 일단 너무 쉬웠고 5분 녹음하고 편집하는 데 15분 걸려 총 25분 걸렸습니다. (업로드 시간 5분 포함) 게다가 첫 편집이었는데 이 정도라면 다음에 할 때는 15분 이내에도 충분히 가능합니다! 그리고 북튜버만 설명해 주시는 게 아니고 브랜드나 새롭고 흥미로운 것들을 다양하게 알 수 있었습니다. 이 수업이 제 삶에 도움이 되었고, 엄청 재밌었습니다! 다음에도 하고 싶네요!"

👤 '책추남처럼 북튜버 되기' 최연소 참가자 오서현 양

Q. 삶에 맞닥뜨린 고민이 있거나 삶에 새로운 변화나 전환점이 필요할 땐?

A. 2학년 과정 '게임풀씽킹 코칭'에 참여하시면 됩니다. '의미 있는 우연의 일치'로 알려진 정신의학자 칼 융의 동시성 이론과 심장박동율 HRV의 과학적 측정을 통합적으로 활용해서 모든 답이 들어있는 무의식의 통찰과 지혜를 신속히 이끌어내는 '게임풀씽킹 코칭'에 참여해 보세요. 게임풀씽킹은 하버드의 변화혁신이론, MIT의 U Theory, 콜롬비아 MBA의 전략적 직관, 문제해결 중심 코칭, 전뇌사고, 써드 씽킹 등 세계 최고 수준의 창조적 통합 사고법들이 글로벌 메가트렌드로 자리 잡은 게이미피케이션 Gamification과 마인드풀니스Mindfulness로 통합한 의식과 무의식, 초의식을 통합적으로 활용하는 즐거운 전뇌 활용 통합 코칭법입니다. 게임풀씽킹은 평소에는 사용하지 않는 두뇌와 잠재의식을 활성화시킴은 물론 더 나아가 초의식과의 연결을 통해 현실 속에 당면한 문제들을 즐겁게 풀어낼 수 있는 혁신적 코칭법입니다.

'게임풀씽킹 코칭' 참조
https://cafe.naver.com/
booktuber/1495

• 게임풀씽킹 코칭

"굉장히 많이 놀랐고 만족스럽고 도움이 많이 되었습니다. 요가 수련을 20~30년 해도 알 수 없었던 어떤 것에 대한 쉽게 말해 신의 한 수? 이렇게 표현해도 될 것 같아요. 나의 현재에 완전히 필요한 퍼즐이 딱 맞는, 아귀가 딱 맞는 느낌을 너무 많이 받았어요. 소름 끼쳐요. 들인 돈과 시간 에너지 대비 나오는 아웃컴이 너무 놀랄 정도로 효율적이네요. 신기하네요. 더 이상 뭘 바랄까요?"

👤 '게임풀씽킹 코칭' 참가자 케이트 님

Q. 내 상황에 맞는 책추남의 책 추천이 직접 필요할 때는?

A. '책추남 책 처방 코칭'에 참여하시면 됩니다. 살다 보면 누구나 다음과 같은 때를 만나게 되지요? 삶의 고민으로 돌파구가 필요할 때, 새로운 아이디어나 영감과 통찰이 필요할 때, 삶이 막막하게 느껴져 명료한 방향성이 필요할 때, 바로 이럴 때 책은 등대이자 나침반이자 좋은 코치의 역할을 해줍니다. 실버 버튼 북튜버 책추남이 만 권 독서를 바탕으로 최고의 책들을 처방해 드리는 책 처방 북코칭입니다.

Q. 책추남과 함께 독서 토론을 해보고 싶거나, 정말 좋은 책들과 좋은 친구들을 만나고 싶을 땐?

A. 3학년 과정 '책추남 북살롱'에 참여하시면 됩니다. 15인 이하의 소수 인원이 함께 모여 주제별로 책추남이 엄선한 책들로 하버드식, 하브르타식 독서 토론을 진행합니다. '책추남 북살롱'은 숨겨진 좋은 책들로 숨겨진 좋은 사람들과 숨겨진 최고의 나를 만나는 즐거운 시공간이랍니다. 북살롱은 'BASIC 북살롱', '머니 북살롱', '글로벌 머니 북살롱', '2030 북살롱', 'CEO 북살롱', '하버드 협상 북살롱', '템플턴 투자 마인드 북살롱', 'MOM 북살롱' 등 다양한 주제로 진행되고 있으니 필요에 따라 참여하시면 된답니다.

> "최근 이 꿈들로 인해서 돌아보니 나는 40세를 넘기는 순간부터 행복이란 무엇일까, 나는 누구일까, 어떻게 살아가야 할까를 고민하기 시작했다. 여러 책들을 전전했지만 혼자서 읽는 책이란 게 미미한 변화, 한 발짝 걸어갔다 싶으면 두 발짝 밀리는 진전만을 가지고 읽어 가고 있었다. '책추남 북살롱'에 참여하면서 제일 큰 변화가 내가 궁금해하는 궁금증들은 나의 내면에 이미 해답을 가지고 있다는 큰 깨달음이었다. 나의 정체성과 나는 누구이고 어떻게 살아가야 할까의 대답을 알자면 회사형, 사회형 인간으로 살아온 나로서는 그동안 외부로 향해 있던 내 의식을 내부로 돌리고 나의 내면 의식에 집중해보는 것이 우선이었다. 정말 죽을 때까지 배워도 내가 얼마나 알아냈다고 할 수 있을까 싶은 공부이지만, 나는 최근 아주 미미하지만 내 감각들이 살아나는 것을 느낀다."
>
> 👤 'BASIC 북살롱' 참가자 정인순 님

• 책추남 BASIC 북살롱

• 맘 북살롱

"'돈이란 무엇인가?'라는 질문을 평생 가져볼 생각도 안 해보고 살아왔습니다. '돈은 돈이지', '돈 좋지', '돈 벌기 어디 그렇게 쉽나…' 그러고 보면 돈에 대한 생각들이 완전 뒤죽박죽이었네요. 그래서였는지 회사에 다니기 힘들다며 하소연하는 남편이 혹시라도 직장을 그만두게 될까 봐 너무나도 두려웠습니다. 잠시라도 백수가 되면 큰일이라도 날까 봐 숨도 못 쉴 정도로 힘들었습니다. 말하자면 살기 위해 '글로벌 머니 북살롱'에 참여하게 된 것입니다. 지방에서 아이를 보살피며 서울까지 오갈 형편이 안 되던 저에게 '글로벌 머니 북살롱'은 평일 낮 온라인 줌으로 참여가 가능했기에 희망 그 자체였습니다. 책을 거의 매일 읽어왔지만, 코코치님께서 선별한 책들로 심도 있게 읽어보고 감상문을 작성하는 과정에서 왜 독서 모임 비용을 들여가며 참여하는지를 백번 이해했습니다. 한 권, 한 권 감상문을 정성 들여 쓰는 과정에서 내 안의 돈에 대한 무의식들을 만날 수 있었고, 북살롱 모임을 통해 여러 사람들의 돈에 대한 역사와 생각을 나누면서 내가 얼마나 편협하고 부정적인 관념을 안고 살아왔는지도 뼈저리게 깨달았습니다. 고백하건대 '글로벌 머니 북살롱' 2시즌을 마친 후 저는 돈에 대한 두려움이 대부분 사라졌습니다. 불과 반 년 만에 돈을 대하는 저의 태도뿐만 아니라 삶에 대한 태도가 많이 편안해졌습니다. 지금 제 삶에서 '부', '성공' 등을 향해 나가야 하는 방향도 부족한 것도 전혀 아닙니다. 전 이미 지금 이 순간 성공하고 있고 부자입니다. 이렇게 짧은 글로 다 적어낼 수 없네요.^^ 진짜 너무 좋았어요!"

🙎 '글로벌 머니 북살롱' 참가자 티엔콩 님

코로나와 함께 '어떻게 살아야 할지' '무엇을 하고 살아야 할지' 스스로에 대한 고민이 깊어지던 때에 책을 읽으면 조금이나마 해결할 수 있을 것 같았습니다. 하지만, 책을 멀리하고 살아온 지라 수많은 책들 중에 나에게 필요한 책이 무엇인지, 어떻게 책을 읽어야 하는지도 몰랐습니다. 독서클럽에 대한 두려움도 있었던 저에게 '책추남 2030 북살롱' 1기 모집이 눈에 띄었고, 행복, 사랑, 돈, 스트레스 주제 관련 책으로 또래들과 함께 한다는 것이 저에게 용기를 주었습니다. 1기부터 지금까지 꾸준히 2030 북살롱을 하면서 혼자했던 고민을 북살롱 멤버들과 책추남 코코치님 과 나누고 생각을 토론하며, 그림자를 마주하는 동안 가랑비에 옷 젖듯 내면에서 하나씩 하나씩 해결되는 평온함을 느끼고 있습니다. 책과 친해지고, 나와의 대화 시간이 늘고, 멤버들과 시스템을 구축해나가면서 스스로 성장하고 있다는 느낌은 미운 오리새끼에서 백조로, 애벌레에서 나비로 변화하는 중인 내 모습이구나 싶습니다. 또한 함께하는 멤버들도 하루가 다르게 성장하는 모습을 지켜볼 때면 가슴이 벅차오릅니다. 누구나 책추남 코코치님과 북살롱에서 함께라면 가능한 것 같아요. 어렵지 않네요. 인생은 언제나 안전하고 이기는 게임이니깐요.^^

🧑 2030 북살롱 참가자 윤승혜님

• 책추남 2030 북살롱

Q. 청소년들을 위한 프로그램도 있나요?

A. 네. '청소년 NAVI 영재 독서 스쿨', '네잎클로버 창의인성 영재 스쿨', 'NAVI 퍼스널 브랜드 영재 스쿨', '청소년 MONEY 영재 스쿨', '버핏 투자 독서 영재 스쿨' 등이 청소년들을 위한 교육 프로그램으로 준비되어 있습니다.

책추남 NAVI 스쿨 120% 활용법 참조 https://cafe.naver.com/booktuber/3084

• 청소년 NAVI 브랜딩 수업

"돈이 친구 같은 존재라는 것을 깨달았습니다. 하버드식 토론을 통해 함께 자극을 많이 받았습니다. 주변에서 쉽게 만날 수 없는 사람들을 만나면서 참 많은 것을 배웠습니다. 무엇보다 돈을 벌기 위해, 부자가 되기 위해 돈을 잊으라는 말을 돈의 대가들이 공통적으로 하는 말에 대해 충격을 받았습니다. 돈에 관해 마음이 더 편해진 것 같습니다. 부자고 아니고를 떠나서 내가 어떤 삶을 살아가는 것이 중요하다는 사실을 깨달았습니다."

👤 중학교 2학년 안민선 학생

"제 자신을 단점과 장점이 모두 다 있는 사람으로만 생각했지 하나의 핵심 가치가 있는 브랜드라고 생각해 본 적이 없었는데 NAVI 브랜드 전략을 통해 제 자신을 바라보는 다른 각도를 찾을 수 있어서 깨닫는 게 많았다. 바쁜 학교생활로 내가 누구인지 왜 태어났는지 무엇을 위해 살아야 하는지에 대해 생각한 시간이 인생에서 아예 없었는데 나 베키라는 브랜드가 무엇인가 생각을 해보면서 내 자신이 누구인지 더 잘 찾아보고 제 내면의 소리를 들어볼 수 있는 진귀한 기회였습니다."

👤 국제학교 12학년 베키 학생

· 국제학교 NAVI 퍼스널 브랜드 강의

Q. 의미 있는 삶과 경제적 여유, 다채로운 인간관계를 누리는 삶을 살고 싶을 땐?

A. 3학년 과정 '메신저 코칭 스쿨'에 참여하시면 됩니다. 메신저란 자신의 경험, 노하우, 지혜로 다른 사람들의 변화와 성장을 촉진시켜줌으로써 행복한 성공을 누리도록 도우면서 자신도 함께 의미 있는 삶과 경제적 여유, 다채로운 인간관계를 풍요롭게 누리며 살아가는 사람이라고 책추남은 정의 내리고 있는데요. 메신저로 살아가는 책추남의 노하우와 함께 코코칭하고, 마스터 마인드 그룹으로 지속적으로 함께 성장해나가는 '메신저 코칭 스쿨'입니다.

· 메신저 코칭 스쿨 1기

• 메신저 코칭 스쿨 1기

• 글로벌 메신저 코칭 스쿨

Q. 책추남 만 권 독서 지혜의 정수를 제대로 배워보고 싶을 땐?

A. 4학년 과정 '라이프 체인저 코칭'에 참여하시면 됩니다. 책추남 만 권이 정수를 7단계로 정리해낸 책추남 NAVI 스쿨의 코칭 프로그램입니다. 인류의 다양한 문화권에서 보편적으로 전승되어 온 지혜의 정수와 뇌 과학, 심장 과학, 양자 물리학 등 최첨단 과학으로 검증된 내용을 바탕으로 게임 디자인 방식으로 이해하기 쉽게 구성된 커리큘럼으로 진행합니다. 이미 한국뿐 아니라 미국에서도 함께 참여하면서 삶의 큰 변화와 성장을 경험하고 계신 책추남 NAVI 스쿨의 핵심 프로그램이지요. '라이프 체인저 코칭'은 우리 안의 거짓 자아인 애벌레로 상징되는 에고가 이끌어가는 고달픈 인생 게임Ego Victim Game이 아닌 나비로 상징되는 참 자기인 셀프가 이끌어가는 진정한 인생 게임Self Hero Game을 누릴 수 있는 자기 삶의 진정한 주인공인 셀프 히어로Self Hero가 셀프 게임 마스Self Game Master로 살아갈 수 있도록 돕는 심층 자기 계발 코칭 프로그램입니다.

'라이프 체인저 코칭' 참조 https://cafe.naver.com/booktuber/824

"이전에 40년 넘게 배운 것들보다 '라이프 체인저 코칭' 7주 과정 동안 배운 것들로 인해 제 삶의 고민들과 질문들이 많이 해결됐던 것 같아요. 40년 동안 풀지 못했던 질문들, '어떻게 살아야 잘 사는 것인가?, 나는 누구인가' 이런 것들에 대한 물음이 항상 있었어요. 그래서 계속 갈급해 왔었고 여러 책들을 읽었지만 '라이프 체인저 코칭'은 정말 최고인 거 같아요! 제가 영국에서 유학 중일 때 갈급함 속에서 진리를 찾기도 했었고, 프랑스에 가서 틱낫한 스님의 플럼 빌리지에서 명상 의식에도 참여해 봤지만 '라이프 체인저 코칭'은 세계 최고의 내용들이 아닌가라는 생각이 들고요. 이제 앞으로의 삶 속에 이것을 얼마나 녹여내느냐가 관건인 것 같아요."

🧑 '라이프 체인저 코칭' 참가자 여정민 님

"코코치님, "삶은 그저 존재하는 거야. 삶은 그저 경험하는 거야."라는 진리가 이제야 가슴으로 받아들여졌어요. 머니 라체코 끝난 날 밤부터 한 번도 느껴본 적 없는 이상한 감정들이 들어서 들여다보니 깊은 평온 속에 공허함, 덧없음이 느껴졌어요. 에고가 가슴으로 삶은 그저 경험하는 것이란 걸 받아들이고 느낀 감정들이 아닐까 싶어요. 자아 하나가 또 깨부숴진 건지 슬픔과 가슴 아픔도 느껴지네요. 또 마음 한편에서 아주 작게 '아, 다 알아버려서 재미없잖아~'라는 느낌도 올라와서 진짜 너무 깜짝 놀랐어요. 3천억이 중요한 게 아니라 순수하게 이 생에서 경험하고 싶은 욕구들이 무엇인지를 '아는 것' 그리고 그것을 그저 '경험하는 것', 그 과정에서 느껴지는 고통과 슬픔과 아픔과 기쁨과 즐거움 그 모든 것을 경험하는 것이 우리 존재의 이유임이 이제야 머리가 아닌 가슴에서 느껴져요. 그리고 왜 인지 모르겠는데 이걸 코코치님께 전해야 할 것 같은 느낌이 들어 말씀드릴까 말까 고민하다 보내봅니다. 라체코에 이어 머니 라체코까지 지난 1년 동안 진짜 말도 안 되게 성장한 저를 보며 낯설기도 하고 이런 축복에 감사하기도 합니다. 무엇보다 이렇게 이끌어주셔서, 제 삶과 연결되어 주셔서 감사

합니다." (푸름님 카톡 메시지)

"푸름님 아름답고 멋지게 피어나는 모습이 제게 너무나 큰 기쁨이 된답니다. 그것이 바로 조셉 캠벨이 말하는 영웅의 여정이자 "Follow Your Bliss", "삶은 풀어야 할 문제가 아니라 경험해야 할 신비입니다."라는 말의 의미이겠지요. 저도 함께 만날 수 있어 진심으로 반갑고 기쁘답니다. 에고의 게임의 함정들을 잘 피해나가면서 함께 멋진 라이프 서핑 누려봐요~" (책추남 카톡 답변)

👤 '라이프 체인저 코칭' 참가자 푸름 님

• 라이프 체인저 코칭 참가자 – 이푸름

"My wife Christine approached me with her desire to improve our communication at a deeper, soul-searching level. She then told me about her interest in Life Changer Coaching program by Co-Coach 책추남 Edward. Not having known who he was, but trusting my wife to recognize the quality program, I agreed. I also remembered the saying, "When momma is happy, the whole family is happy." We then met Co-Coach Edward by Zoom for an introductory meeting to see if this program was a right fit for me and whether he felt that I would be able to handle the book reading assignments and benefit from the program. Having passed the interview, we were on. I began to notice my wife talking to me about the book we began reading, about what was onher mind about our relationship, and about her business much more freely.

Books we were reading were not just to read but to write a book report about, to think about what you got out, what you agreed or disagreed, what questions came up. It was like a college seminar course on How to Look at Life to Change.

It was an opportunity to read books I normally would not choose, let alone know anything about, or the authors I would tot naturally gravitate toward. But my wife was very interested in these, having felt a degree of disappointment from Christianity and the church. We would then discuss some of the ideas discussed in the books, points Co- Coach Edward would point out. Our conversation, and my understanding of what was in my wife's heart, began to deepen. I was also realizing that I generally didn't

• 4학년 라이프 체인저 코칭 참가자 – 미국 다니엘 & 크리스틴 부부 (할로윈 데이)

look into my inner thoughts, reflecting on why I believed what I believe, and then how those beliefs were influencing my day-to-day actions.

With that dawning of my understanding, our conversation became deeper, more thoughtful, and engaging in the sense of wanting to understand each other. Also, I became more interested in becoming broader-minded in wanting to understand what my wife was going through. We are still going through the journey of this new discovery about How to Do Life and Change Our Perspective.

The Life Changer Coaching program gave us an opportunity to open up our hearts to each other, to discuss areas of our lives we didn't normally touch upon, and began developing deeper appreciation of who we are to each other. Satisfaction of working together in improving and increasing her business, and the desire to re-energize my business, came as a happy by-product. I highly recommend this program to anyone, especially couples, who want to improve and deepen their communication level, with honesty and clarity, and to take time to learn and understand their inner world and their outlook toward how to live each day with clarity and purpose."

👤 'Life Changer Coaching' Testimonial by Daniel Oh Ph.D

애벌레가 나비로 날아오르듯이 나답게, 자유롭게, 충만하게!
함께 즐겁게 날아올라요! 책추남 NAVI 스쿨!

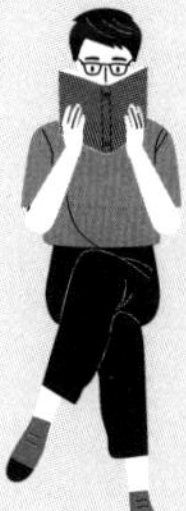

진로와 직업 탐색을 위한
잡프러포즈 시리즈 53

어쩌다
북튜버

2022년 9월 1일 | 초판 1쇄
2024년 2월 14일 | 초판 2쇄

지은이 | 조우석
펴낸이 | 유윤선
펴낸곳 | 토크쇼

편집인 | 김수진
교정 교열 | 박지영
표지디자인 | 이희우
본문디자인 | 김정희
마케팅 | 김민영

출판등록 2016년 7월 21일 제2019-000113호
주소 서울시 서초구 나루터로 69, 107호
전화 070-4200-0327
팩스 070-7966-9327
전자우편 myys237@gmail.com
블로그 http://blog.naver.com/talkshowpub
ISBN 979-11-91299-83-0(43190)
정가 15,000원